고래의
눈물

고래의 눈물

ⓒ 오애리·김보미, 2024

초판 1쇄 2024년 7월 12일 찍음
초판 1쇄 2024년 7월 26일 펴냄

지은이 | 오애리·김보미
펴낸이 | 이태준
인쇄·제본 | 지경사문화
펴낸곳 | 북카라반
출판등록 | 제17-332호 2002년 10월 18일

주소 | (04037) 서울시 마포구 양화로7길 6-16 서교제일빌딩 3층
전화 | 02-486-0385
팩스 | 02-474-1413

ISBN 979-11-6005-143-8 44300
ISBN 979-11-6005-127-8 44080 (세트)
값 17,000원

북카라반은 도서출판 문화유람의 브랜드입니다.
저작물의 내용을 쓰고자 할 때는 저작자와 북카라반의 허락을 받아야 합니다.
파손된 책은 바꾸어 드립니다.

고래의 눈물

오애리 · 김보미 지음

지금 지키지 않으면 사라질 고래들

북카라반
CARAVAN

몇 해 전에 다큐멘터리 〈나의 문어 선생님My Octopus Teacher〉을 시청하고 눈물을 흘린 적이 있습니다. 이 영화는 남아프리카공화국의 다큐멘터리 감독 크레이그 포스터가 고향 케이프타운의 바닷속에서 우연히 만난 문어와 약 1년에 걸쳐 나눈 교류를 담고 있어요.

전 세계를 돌아다니며 일하느라 몸과 마음이 지친 포스터는 집 근처 바다에서 잠수를 하던 중 마치 방패처럼 온몸에 조개껍데기들을 두르고 있는 문어 한 마리를 발견합니다. 신기한 모습에 매력을 느낀 그는 매일 문어가 살고 있는 자그마한 굴을 찾아가 카메라에 담습니다.

며칠 후 놀라운 일이 일어났어요. 굴속에 있던 문어

가 밖으로 머리를 빼꼼히 내밀더니 다리 하나를 쭉 뻗어 포스트의 손가락을 잡는 것입니다. 아마도 문어는 그동안 자기 집 앞에 매일 나타나는 인간을 지켜본 결과 자신을 해치는 존재가 아니란 사실을 알게 된 듯합니다. 문어의 다리와 포스트의 손가락이 접촉하는 감동적인 순간은 마치 영화 〈ET〉에서 외계인 ET와 주인공 소년 엘리엇의 손가락이 맞닿는 장면을 떠올리게 합니다.

이후 포스터는 문어의 독특한 생존법과 지혜를 알게 되고, 문어가 인간과 비슷한 점을 가졌다는 사실을 깨닫습니다. 천적인 파자마상어에게 다리를 물어뜯긴 문어는 마치 사람처럼 피부색이 창백해져 금방이라도 죽을 듯한 고통을 느끼지요.

시간이 흘러 다리가 새로 돋아나 몸을 회복한 문어는 다른 문어와 짝짓기를 하고 알을 낳습니다. 그리고 모든 어미 문어가 그렇듯, 먹지도 않고 알이 부화할 때까지 지키다가 죽고 말죠. 포스터는 아들과 다이빙을 하던 중 죽은 문어의 새끼로 보이는 작은 새끼 문어 한 마리를 만납니다.

문어가 강아지나 고양이에 맞먹는 지능을 가졌으며, 고통을 느낀다는 사실은 이미 알고 있었습니다. 하지만 문어가 인간과 교감할 수 있다는 것은 이 영화를 통해서 비로소 알게 됐어요. 포스터는 인간 못지않게 지혜롭고 모성애를 가진 문어야말로 자신에게 삶의 소중함을 가르쳐준 '선생님'이었다고 말합니다. 저는 이 영화를 보면서 바다의 신비와 바닷속에서 살아가는 많은 생명체에 대해 우리가 모르는 것이 너무나도 많다는 것을 다시 한번 깨달았습니다.

바다는 지구에서 살아가는 모든 생명체의 근원입니다. 학설에 따르면 지구가 생긴 지 10억 년 후쯤인 35억 년 전에 생명체가 바다에서 처음 탄생하기 시작했다고 합니다. 바다는 우리가 살고 있는 지구 표면의 약 70퍼센트를 덮고 있고, 생명의 근원인 물과 산소, 식량을 제공하며 기후를 조절하는 역할을 합니다. 하지만 인간은 오랜 세월 동안 남획과 쓰레기, 과도한 해저 개발, 온난화 등으로 바다를 망쳐오고 있지요.

최근에는 충격적인 뉴스가 전해지기도 했습니다. 미

국 해양대기청NOAA과 메인대학교 기후변화연구소에 따르면, 전 세계 바다의 평균 해수면 온도가 2023년 3월 중순부터 1년간 매일, 1982년 이후 역대 최고 일일 온도를 기록한 것으로 나타났습니다. 2023년 전체 평균 해수면 온도는 전년보다 0.25도 올랐다고 해요.

해수 온도 상승에 따른 해수면 상승은 물속의 용존 산소량을 줄여 해양 생물이 떼죽음을 당할 확률을 높이지요. 과학자들은 2023년 미국 북동부 해안에 고래를 비롯해 많은 물고기가 떼밀려 와 집단 폐사한 원인으로 해수 온도 상승을 지목한 바 있습니다. 문어의 경우에는 열 스트레스로 생존에 가장 중요한 시력을 잃고, 새끼를 낳기 전에 죽어버린다고 합니다.

우리나라는 국토의 삼면이 바다로 둘러싸여 있습니다. 바다를 지키고 고래 등 해양 생태계를 보존하는 것은 우리 자신을 지키는 일이기도 합니다. 우리나라 바다에도 한때는 많은 종류의 고래가 뛰놀았다고 합니다. 하지만 지금은 배를 타고 멀리 나가도 고래를 만나기가 쉽지 않습니다.

우리 바다에서 멋진 고래들을 다시 만나는 때가 과연 올까요?

이 책은 고래를 중심으로 해양 환경 보호의 중요성을 다루고 있습니다. 고래가 살지 못하는 바다는 인간도 살 수 없는 바다입니다. 나날이 기후 위기가 가속화되고, 플라스틱 쓰레기 등 환경 오염이 심각해지는 상황에서 고래와 인간이 안전하게 생존할 길을 찾는 것이 그 어느 때보다 중요해졌습니다. 그 첫걸음은 상황을 올바르게 아는 것이라고 생각합니다. 이 책이 여러분에게 유용한 길잡이가 되길 바라봅니다.

1
♦

지금 지키지 않으면
사라질 고래들

척추동물 고래의 신비

분수 같은 물줄기를 등에서 뿜어내고 수면 위로 높이 뛰어올랐다가 다시 바다 저 깊이 잠수하는 고래. 넓은 바닷속을 누비다 슬며시 다가와 물에서 머리만 빼꼼히 내밀며 인사하는 돌고래. 고래와 돌고래 하면 떠오르는 모습들입니다. 바다 생물 가운데 이만큼 사람들이 좋아하는 동물이 있을까요?

고래는 전 세계 모든 바다에서 살고 있어 어디서든 발견되고, 수천 년 전 기록에도 남아 있을 만큼 인간과 아주 오랜 세월 함께 살아왔습니다. 한국에서도 울산 지역의 큰 암벽인 울주군 대곡리 반구대에 고래를 사냥하는 장면이 새겨져 있습니다. 이 그림은 신석기 시대 후기에서 청동기 시대 초기 정도에 그린 것으로 추정된대요. 약 7000년 전의 모습이에요.

고래는 지능도 높은 동물입니다. 범고래는 친구를 사귀고 사냥도 무리를 지어 나선대요. 또 고유의 주파수로 소리를 주고받으며 의사소통을 하는 고래들도 있어요. 인간과 마찬가지로 복잡한 관계를 맺으며 사회생활을 하는 것이지요. 바닷속에서 잠수부와 교감하거나 물에 빠진 아이를 구해준 고래나 돌고래 이야기처럼 고래는 사람에게 친근함을 느끼게 하는 동물이에요.

고래를 향한 사랑에는 신비로움도 담겨 있습니다. 얼마 전까지만 해도 미지의 동물이었거든요. 과학이 발전하지 않았을 때는 깊은 바닷속 생활은 사람들이 알 수가 없었습니다. 100여 년 전까지만 해도 수온이 낮고 수압이 높은 심해에는 생물이 살 수 없다고 생각했어요. 한 번도 가보지 못한 세상이기에 두려움이 컸을 수도 있습니다.

그래서 과거 기록을 보면 고래를 성스러운 거대한 존재나 괴물로 표현한 일화가 많습니다. 생물학 용어로 '고래류Cetacean'라고 하는 말은 라틴어로 'Cetus'인데, 그리스어 'Ketos'에서 유래했다고 해요. '큰 바다 동물 또는 괴물'이라는 뜻입니다.

우리가 사는 육지가 사실 고래의 등이어서 사람들은 고래 등에 올라타 살고 있다는 전설도 있죠. 그래서 고래가 몸을 세게 움직일 때 지진이 일어난다고 생각했어요. 너무 화가 난 고래가 해를 삼켜버리면 일식 현상이, 바다를 휘저으면 폭풍이 휘몰아친다고 상상했지요.

상상의 동물 유니콘도 고래를 보고 떠올렸다고 해요. 날개가 달린 말의 모습을 한 유니콘은 이마에 뿔이 나 있죠. 길고 큰 송곳니(엄니)가 입 앞으로 툭 튀어나온 일각고래에서 힌트를 얻은 거예요. 고래를 북쪽 바다에 사는 거대한 용이나 손발이 달린 물고기의 모습으로 그려놓은 그림도 남아 있습니다.

해양 과학과 탐사 기술이 발달하면서 사람들은 해수면 아래 고래의 진짜 모습을 알게 됐어요. 고래는 바다에서 태어나 평생 물에서 생활하지만, 물고기가 아닙니다. 공기로 숨을 쉬고, 따뜻한 피가 흐르는 포유류예요. 새끼를 낳아 젖을 먹여 키워요. 고래 해부 연구로 뼈의 구조를 분석해 육지에 살던 원시 고래가 수백만 년 전 바다로 이동한 척추동물이라는 사실을 발견했어요. 고작 3분 숨을 참을 수 있

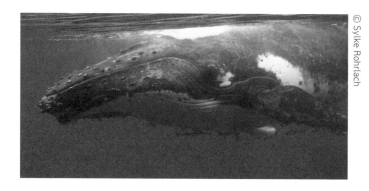

거대한 몸집의 혹등고래는 큰 입안 가득 바닷물을 머금은 뒤 크릴만 걸러
먹는 수염고래이다.

는 사람과 달리 향고래는 숨을 한 번 머금으면 한 시간 넘게
2000미터 깊이까지 잠수해 헤엄칠 수 있지요.

물속 생활에 완전히 적응한 고래는 북극과 남극에서
적도까지 전 세계 바다에서 살아요. 강과 하천에도 있습니
다. 고래의 종류는 다양합니다. 큰 입안 가득 바닷물을 머금
어 크릴만 걸러 먹는 수염고래, 물고기나 오징어 등을 잡아
먹는 이빨고래류. 고래는 어떤 먹이를 먹는지에 따라 종류
를 구분할 수 있어요.

수염고래는 입천장 양쪽에 빗살 모양으로 수염이 나
있어요. 털처럼 보이지만 사람의 손톱처럼 케라틴이라는

물질로 이뤄진 각질 같은 것이에요. 혹등고래, 북극고래, 긴수염고래, 쇠고래, 밍크고래 등이 수염고래입니다. 거대한 몸집이 특징인데 입속 공간도 커서 자기 몸무게보다 많은 바닷물을 한 번에 들이켤 수 있어요. 수염을 통해 물은 뱉어내고 남은 크릴새우만 삼킵니다.

이빨고래는 오징어와 새우, 게, 물고기를 사냥해 잡아 먹습니다. 향고래와 범고래, 흰고래, 외뿔고래, 그리고 수많은 돌고래가 이빨고래에 속해요.

수염고래와 이빨고래는 숨 쉬는 모습도 다릅니다. 고래는 머리 위에 나 있는 구멍을 물 밖으로 내밀어 숨을 쉬는데, 이 구멍이 수염고래는 두 개, 이빨고래는 한 개예요. 숨을 내쉴 때 뿜어 나오는 분수의 높이와 형태도 고래마다 달라서 이 모양만 살펴보면 어떤 종인지 알 수 있답니다.

사회성이 강한 고래 종들은 무리를 이루어 살기도 해요. 먼바다에 사는 참돌고래, 줄무늬돌고래는 수백 마리에서 수천 마리가 떼를 지어 다닙니다. 향고래는 다친 친구가 생기면 그 주변으로 마치 꽃잎처럼 원을 그리며 모여들어 보호해줍니다.

이빨고래보다 몸집이 훨씬 큰 수염고래는 잡아먹힐

향고래 어미와 새끼. 향고래는 오징어나 게, 물고기 등을 사냥해 잡아먹는
이빨고래이다.

위험이 적고 사냥을 하지 않다 보니 먹이를 두고 경쟁하지
도 않아 몰려다니는 경우가 적어요. 하지만 소리를 내서 서
로 안부를 묻기도 해요. 대왕고래가 저주파로 내는 소리는
800킬로미터 떨어진 곳의 다른 고래도 들을 수 있습니다.

상괭이부터 대왕고래까지

고래는 몸길이가 1미터 정도밖에 안 되는 작은 상괭이부터 30미터까지 자라는 대왕고래까지 많은 종이 존재해요. 학술적으로 구분하면 '포유강', '고래목'에 속하는 동물은 지금까지 90종 이상 발견됐습니다. 크기도 다양해요. 사람 몇 명이 모여도 같이 들기 힘든 5미터 이상의 종은 고래whale, 그보다 작은 종은 돌고래dolphin로 나눈대요.

지금까지 지구에 존재한 생물 중 몸집이 가장 거대해 대왕고래로 불리는 흰긴수염고래는 보통 25미터가 넘고, 몸무게는 80~150톤까지 나갑니다. 청고래, 흰수염고래로도 불려요. 기록에 남은 가장 큰 대왕고래는 길이가 33미터에, 무게는 190톤이었어요. 육지 동물 중 가장 큰 아프리카

코끼리 30마리를 합친 것보다 무거웠습니다. 공룡도 대왕고래보다는 작았을 거라고 해요.

대왕고래 다음으로 큰 큰고래는 길이 20~25미터에 몸무게는 최고 75톤까지 나갑니다. 참고래라고도 하죠. 북극고래는 15~20미터 정도로 길이는 큰고래보다 작아도, 무게가 최고 120톤까지 나가 더 무겁습니다. 200년 이상 살아서 포유류 중 가장 장수하는 동물입니다. 북극의 추위를 견뎌야 하기에 지방층이 50센티미터로 다른 고래보다 두꺼운 특징이 있어요. 또 머리가 몸길이의 3분의 1을 차지할 만큼 커요.

온몸에 따개비가 유난히 많이 붙어 울퉁불퉁한 피부가 특징인 쇠고래는 몸길이가 12~15미터, 무게 20~35톤 정도입니다. 귀신고래로 불리는 외형과 달리 돌고래처럼 호기심이 많아 사람을 보면 다가와 알은 체하는 반전 매력이 있지요. 혹등고래는 등이 검고 배는 흰색인데 가슴지느러미가 길어 다른 고래와 쉽게 구분됩니다.

보통 생김새로 이름을 정하는 것과 달리 밍크고래는 독특한 사연을 가지고 있어요. 족제비과 밍크와는 아무 상관이 없습니다. 고래잡이가 절정이었던 1800년대 배에는 멀리 망을 보다가 고래가 나타나면 알려주는 사람이 있었어요. 당시 많이 잡았던 대왕고래나 참고래를 발견하면 신호를 주는 거예요. 그런데 유독 실수가 잦은 마인크Meincke란 이름의 선원이 긴수염고래를 착각해 소리를 치는 바람에 긴수염고래에 밍크고래라는 별명이 붙었습니다. 밍크고래는 길이가 8미터, 무게는 10톤 정도로 조금 작았거든요.

범고래는 얼룩무늬만 보면 귀엽다는 생각이 들지만 사실 바다의 최상위 포식자로 불리는 사냥꾼입니다. 식인상어로 불리는 백상아리도 잡아먹어요. 사회성도 높아 무리를 지어 사냥에 나설 때도 있습니다. 참돌고래과에 속하는데 보통 돌고래보다 커서 6~7미터 길이에 몸무게가 6톤 넘게 자랍니다.

이빨고래 중 가장 큰 향고래(향유고래)는 세상에서 가장 큰 뇌를 가진 동물이라고 해요. 뇌 무게가 무려 8킬로그램까지 나가요. 향고래가 소화하지 못한 먹이가 소화기관에 덩어리로 쌓여 만들어지는 용연향은 비싼 향료로 쓰입니다. 향유고래는 기름의 질이 좋아서 과거에는 고급 재료로 인정받았죠. 흔히 '돌고래' 하면 떠올리는 길이 3미터, 몸무게 300킬로그램 정도의 돌고래는 큰돌고래입니다. 병

한반도 연안에 사는 토종 상괭이는 납작한 주둥이가 미소 띤 것처럼 보여
'웃는 고래'로 불린다.

코돌고래라고도 해요.

한반도 남해와 서해 연안에 사는 토종 상괭이porpoise
는 등지느러미가 없는 쇠돌고래인데, 납작한 주둥이가 미
소를 띤 것처럼 보여 '웃는 고래'라고도 불러요. 조선시대
정약전이 쓴 『자산어보』에 상광어尚光魚로 기록된 것에서 유
래한 이름이라고 해요. 상괭이처럼 귀여운 외모의 흰돌고
래는 '벨루가'라는 이름으로 더 유명하죠. 그런데 5미터 정

도의 길이에 무게도 1톤이 넘어 돌고래가 아니라 고래로 분류됩니다. 몸 색깔 때문에 분홍돌고래라고 불리는 아마존강돌고래도 있습니다.

사라진 고래들

고래는 버릴 게 없다는 말이 있었어요. 고기와 기름, 수염 등 인간 생활에 필요한 많은 것을 만드는 재료가 됐거든요. 석탄과 석유는 귀했고, 원자력이나 태양광 에너지도 없었던 시절에는 등불을 켜고 기계를 돌리는 데 고래기름만큼 좋은 것이 없었습니다. 고래기름으로 마가린과 비누를 만들 수도 있었죠. 향고래의 머릿기름은 고급 약품으로도 쓰였고요.

튼튼하면서 유연한 고래수염으로는 우산살, 낚싯대, 지팡이, 코르셋 등 다양한 상품을 만들었습니다. 지금의 플라스틱과 비슷한 역할을 하는 재료여서 빗이나 빗자루를 만들기에도 딱 맞았어요. 세계에서 가장 먼저 개발된 타자

1910년대의 고래기름 공장. 당시 고래기름은 마가린과 비누 등을 만들거나 등잔불을 켜는 데 쓰였다.

기의 스프링도 고래수염이었대요. 두꺼운 갈비뼈로는 집도 지었고, 이빨로는 피아노 건반과 액세서리를 만들었습니다.

쓰임이 많다 보니 돈을 벌기 위해 너도나도 바다로 뛰어들어 고래를 잡았습니다. 그야말로 전 세계 경제를 움직이는 고래 산업의 시대가 열린 거예요. 고래가 이동하는 바다 길목에 작살과 소총을 가지고 나가 기다리거나, 서식지에서 이뤄지는 포경으로 태어나는 고래보다 죽어가는 고래의 숫자가 많아질 지경이 됐습니다. 점점 바다에서 고래는 사라졌어요.

1980년대에 상업적 포경은 금지됐지만 90여 종의 고래 가운데 여전히 20종 이상의 고래가 생존에 위협을 받고 있어요. 70년 전 21만 마리가 살았던 대왕고래는 6000마리도 남지 않았다고 해요. 10만 마리였던 혹등고래는 8만 마리, 45만 마리였던 참고래는 6만 5000마리 정도만 남았어요. 북극고래도 이제 1만 마리 정도가 바다에서 발견돼요. 쇠돌고래는 태평양에 7만 마리와 대서양에 8만 마리가 있지만, 대서양에 주로 사는 병코돌고래는 멸종 위험에 처해 있어요.

기름을 얻으려고 많이 잡았던 향유고래는 포경 금지 후 많이 되돌아와 수십만 마리가 살게 됐지만, 과거와 달리 더는 찾아볼 수 없는 지역도 생겼죠. 우리나라에서 보리를 수확하는 시기에 볼 수 있어 보리고래, 멸치고래라고 부르는 정어리고래는 30만 마리 이상을 사람들이 고기와 기름을 얻으려고 잡아버리는 바람에 원래 개체 수의 20퍼센트인 5만 4000마리만 남았습니다.

상황이 심각해진 후에야 포경이 금지된 탓에 고래 숫자가 다시 예전만큼 돌아오지는 못하고 있습니다. 게다가

2006년 중국과학원 수생물학연구소의 양쯔강돌고래. 양쯔강이 심하게 오염된 지금은 거의 찾아보기 힘들다.

바다에는 작살과 총보다 위험한 것이 많아졌어요. 헤엄을 치다가 선박과 충돌해 다치거나 어부들이 쳐놓은 그물에 걸려 죽는 일이 늘어나고 있거든요. 바다로 흘러간 플라스틱 쓰레기를 물고기나 오징어인 줄 알고 삼켰다가 탈이나 죽는 이빨고래도 많습니다.

폐수나 기름 유출로 바다와 강이 오염되면 그곳에 살고 있던 고래들은 서식지를 잃어버려 더는 살 수 없게 돼요. 그래서 오염이 심한 양쯔강과 갠지스강에 살던 돌고래는 거의 멸종된 것으로 보여요. 바닷가 연안을 개발해 지형을 바꾸거나 시설들을 건설하는 영향도 있습니다. 멸종위기종으로 지정된 우리나라의 토종 상괭이도 불법으로 잡거나 다른 물고기를 잡는 그물에 잡히는 혼획으로 1년에 1000마리 이상씩 죽어가고 있죠. 2004년 3만 6000마리가 넘었던 숫자가 2016년 1만 7000여 마리로 급감했습니다.

고래를 가장 위협하는 것은 기후 위기로, 바다의 상황이 급작스럽게 변하고 있다는 점이에요. 온난화로 대기 온도만 높아지는 게 아니거든요. 바닷물도 빠르게 뜨거워지고 있습니다. 육지와 마찬가지로 원래 살던 동식물이 달라진 환경에 적응하지 못하고 죽거나 개체 수가 줄어들어요. 무서울 것이 없는 포식자인 고래도 너무 빨리 바뀌는 온도에는 적응할 수 없어요. 먹이가 사라져 살기가 힘들어졌거든요. 이대로 가다가는 바닷물을 가르며 떠올라 물 위로 뿜어내는 고래 분수를 더는 보지 못하게 될지도 몰라요.

2

◆

고래가
멸종되면?

고래의 일생

고래는 좁은 반경 안에 머물러 사는 종도 있지만, 계절에 따라 넓은 바다를 여행하는 종도 있습니다. 혹등고래와 쇠고래는 보통 먹이가 풍부한 극지방에 사는데, 겨울에 새끼를 낳을 때면 따뜻한 열대 지역 얕은 바다로 향합니다. 그곳에서 새끼를 키우다 봄이 되면 다시 먹이를 찾아 추운 극지방으로 갑니다. 그 거리가 무려 5000킬로미터나 되다 보니 1년에 2만 킬로미터를 헤엄쳐요.

긴 여정을 떠났다가 돌아오기를 반복하는 고래의 삶. 사람들이 해안이나 배 위에서 목격하는 고래의 모습은 아주 짧은 순간, 일상의 일부분일 뿐이겠지요.

해저 지형과 바다 생물을 탐구하는 해양학은 자연과

학 중에서도 이제 막 발전하기 시작한 분야입니다. 아직 사람들이 모르는 부분이 더 많다는 의미예요. 해양 생태계가 중요하다고 깨달은 건 그리 오래되지 않은 일이거든요. 계기는 바로 기후 위기였습니다. 이전에는 경험하지 못한 기상 현상과 예측할 수 없는 자연의 변화가 인류의 삶에 큰 영향을 미쳤기 때문입니다.

기후 변화의 주된 요인으로 지구 온난화가 지목되지요. 대기의 열에너지를 90퍼센트 이상 흡수하는 것이 바다입니다. 기온이 계속 올라간다는 것은 바다가 처리하기 버거울 정도로 열이 발생하고 있다는 말이에요. 물 밖에서 거대하고 고요한 바다를 보는 사람들은 알지 못하지만, 해양 생물들은 육지에 사는 생물보다 네 배나 빠른 속도로 변화를 감당하고 있다는 분석도 있어요.

고래의 삶도 크게 변하고 있습니다. 서식지를 점점 북쪽으로 옮기는 모습도 포착되는데, 찬물에서 잘 잡히는 먹이가 줄어서 그렇다고 해요. 빙하가 녹아 해수면은 상승하고, 해수 염분 농도가 감소한 영향도 있습니다.

대왕고래의 다른 이름인 흰긴수염고래는 턱에서 배까지 긴 목주름이 이어지는 특징에서 따온 거예요. 주름은 입

영국 런던의 자연사박물관에 있는 흰긴수염고래 실물 크기 모형. 지구에 존재한 생물 중 몸집이 가장 커서 대왕고래로 불리는 흰긴수염고래의 몸길이는 25미터가 넘는다.

을 크게 벌리는 데 아주 요긴해요. 남극에 사는 종의 몸길이가 30미터나 되고, 막 엄마 배 속에서 나온 새끼도 6미터가 넘는 대왕고래는 몸집이 큰 만큼 밥도 많이 먹어야 해요. 주름을 최대한 사용해 입을 가장 크게 벌리면 바닷물을 한입에 무려 9톤이나 넣을 수 있어요. 수염으로 물은 뱉고 크릴새우만 걸러내 배를 채웁니다.

세상에서 가장 큰 포유류의 먹이가 세상에서 가장 작

은 동물이라니. 그래서 매일 먹는 크릴새우의 양이 3.6톤이나 됩니다. 크릴새우는 차가운 북극 인근 바다에서 많이 잡혀요. 고래가 따뜻한 남쪽 아열대 바다로 가서 새끼를 낳고, 다시 북쪽으로 가는 이유가 바로 이 풍부한 먹이가 있기 때문이에요. 고래의 먹이가 되는 생물의 분포가 어떻게 변했는지 보면 고래가 어떤 변화를 겪고 있는지 이해하기 쉽습니다.

고래가 먹이를 찾아 이동하는 길에는 바다의 다른 생물도 번성한다고 해요. 그래서 이 길을 '고래 컨베이어 벨트'라고 불러요. 쇠고래는 알래스카에서 북아메리카 연안을 따라 멕시코까지 시속 5~10킬로미터로 천천히 헤엄쳐 내려갔다가 다시 거슬러 올라옵니다. 이런 움직임이 바다 한쪽에서 생겨난 영양분을 수평으로 넓게 펴주는 역할을 합니다. 1년에 2만 킬로미터를 이동하니 방대한 영역의 물을 섞어주게 되는 거예요.

고래는 또 숨을 쉬고 먹이를 잡기 위해 수면으로 올라왔다 다시 깊은 바다로 잠수하기를 반복하지요. 해수면과 심해 사이를 수직으로 오가는 고래의 활동에 따라 바닷속 영양분은 위아래로 섞입니다. '고래 펌프'라고 불리는 현상이에요.

　전 세계 바다를 누비는 고래가 헤엄치고 먹이를 잡으며 하는 모든 행동이 생태계 유지에 꼭 필요한 마법이었던 것이에요. 사람들은 이런 사실을 고래가 사라지고 깨달았습니다. 고래의 빈자리가 생기자 바다가 아프기 시작했거든요.

고래는 탄소의 저장고

18세기 석탄이 가져온 1차 산업혁명과 19세기 석유가 이끈 2차 산업혁명을 거치며 인류 문명은 크게 발전했습니다. 사람들의 생활은 이전과 비교할 수도 없게 편리해졌죠. 문제는 인간이 화석연료를 동력 삼아 문명 활동을 하면 할수록 이산화탄소 등 온실가스 배출량이 늘었고, 지구의 온도가 높아졌다는 것이에요. 화석연료 자체도 문제였지만, 높아진 기온이 자연적으로 탄소 배출량을 줄이는 시스템까지 파괴했습니다. 특히 열에너지를 흡수하는 바다의 기능이 마비됐어요.

대기 중의 이산화탄소는 공기와 해수면이 맞닿는 순간 바닷속으로 녹아들어 심해로 흡수됩니다. 해양으로 흡수되는 탄소를 '블루 카본Blue Carbon'이라고 불러요. 지구 표면의 70퍼센트가 바다이니 이렇게 흡수되는 탄소량도 상당하겠죠. 과학자들이 계산한 결과 산업혁명 이후 인간이 배출한 이산화탄소의 30퍼센트를 바다에서 흡수했습니다. 1970년대 이후 40년간 늘어난 에너지의 90퍼센트를 바다에서 처리했지요.

삼면이 바다인 한국은 영토의 비중을 보면 육지보다 바다가 4.5배나 넓으니 이런 바다의 역할이 더 중요해요. 바다에 녹아든 이산화탄소는 해수 표층에서 심해로 가라앉아요. 대신 대기 속 탄소의 비율은 낮아지죠.

해양 생물들은 탄소를 바닷속 깊숙이 저장하는 활동을 합니다. 특히 고래는 탄소의 저장고라고 불립니다. 숨 쉴 때마다 몸 안 체내 지방과 단백질 사이에 탄소를 저장하거든요.

체구가 수십 톤에 이르는 거대한 고래는 한 마리가 1년에 660킬로그램의 탄소를 흡수합니다. 나무 한 그루가 1년에 최대 22킬로그램의 탄소를 흡수하니, 나무 수천 그루에 맞먹는 일을 고래 한 마리가 거뜬히 해냅니다. 50년을 산 고래라면 평생 탄소를 무려 33톤이나 흡수하는 거예요.

고래는 숨 쉴 때마다 몸 안에 탄소를 저장해 탄소의 저장고라고 불린다.

70~80년 넘게 사는 고래는 양이 더 많겠죠.

고래는 죽으면 바다 밑바닥으로 가라앉는데 이때 몸 속 탄소도 함께 가져갑니다. 이렇게 죽은 고래가 부패하면서 심해에 묻히는 과정을 '고래 낙하whale falls'라고 하는데, 수백 년간 탄소가 밖으로 나오지 못하도록 대기와 차단하는 역할을 합니다. 대왕고래, 밍크고래, 혹등고래 등과 같은 거대한 여덟 종류의 고래만으로 이산화탄소가 1년에 무려 3만 톤이나 심해로 들어간다고 해요. 과학자들은 모든 고래의 낙하 효과가 16만 톤에 달한다고 보고 있어요. 나무를 심어 이만큼의 탄소를 흡수하려면 축구장 2800개 면적을 숲으로 만들어야 가능합니다.

앞에서 이야기한 고래 펌프 역시 탄소를 줄이는 데 큰 역할을 해요. 공기 속 이산화탄소는 바다 표면을 통해 녹아드는데, 고래가 숨을 쉬려고 물 밖으로 올라왔다가 다시 잠수하면서 위쪽 바닷물을 아래로 끌고 들어가죠. 이때 탄소도 같이 안으로 이동시키는 겁니다. 고래가 탄소를 처리하려고 일부러 이런 행동을 하는 것은 아니지만 자연은 고래에게 신비로운 능력을 주었어요.

학술지 『최신 생태와 진화Ecology and Evolution』에는 남극해에 사는 대왕고래와 참고래, 혹등고래, 밍크고래가 1년에 2억 2000만 톤의 탄소를 해저에 묻을 수 있다고 계산한 연구가 실렸어요. 한국의 온실가스 배출량이 1년에 6억 5000톤이니 얼마나 큰 규모인지 짐작할 수 있죠.

단, 여기에는 한 가지 조건이 있습니다. 고래를 마구 잡았던 포경 활동이 시작되기 전으로 시간을 돌려야 해요. 멸종 위기에 놓인 고래들이 과거의 숫자로 회복됐을 때 이만큼의 탄소를 없앨 수 있어요. 이제 많은 지역에서 보기 힘들어진 향유고래만 개체 수가 예전처럼 늘어나도 240만 톤의 탄소를 흡수할 수 있다고 합니다.

고래가 바다에 있어야 하는 이유는 또 있어요. 바닷속에서 살다 바다로 돌아가는 고래의 사체는 탄소를 그대로 바닥에 묻어두지만, 사람에게 잡히거나 그물에 걸려 죽은 고래는 몸속의 탄소를 공기 중으로 배출합니다. 아무런 규제 없이 고래잡이를 했던 100년 동안 물 밖에서 죽은 고래가 뿜어낸 탄소량이 1억 톤에 달한다는 분석도 있어요. 축구장 열다섯 개 크기의 숲이 사라져버린 것 같은 일입니다.

고래 똥이 중요한 이유

해양 생태계 먹이사슬의 가장 아래에 식물성 플랑크톤이 있습니다. 햇빛이 비치는 바다 표면에서 광합성을 하며 사는 작은 플랑크톤은 지구라는 행성이 처음 생겨났을 때 대기의 산소 절반을 채웠다고 해요. 그 덕에 생물이 탄생했고 진화를 거듭하면서 지금과 같은 환경이 됐습니다. 산소를 생산하는 과정에서 바닷속 유기 탄소를 흡수하는 식물성 플랑크톤은 대기의 이산화탄소를 줄여 지구 온난화를 막습니다. 육지의 모든 식물이 흡수하는 양의 절반을 흡수한다니 생태계 가장 밑에서 가장 큰 일을 하고 있습니다.

지구의 산소 탱크인 식물성 플랑크톤이 무럭무럭 성장하는 영양소를 바로 고래가 만든다고 해요. 고래의 똥에

아주 풍부하게 들어 있는 철 성분이 플랑크톤이 자라는 데 꼭 필요한 영양분이거든요. 고래잡이가 시작되기 전에는 대서양 바닷물에 녹아 있는 철분의 12퍼센트가 수염고래의 똥에서 나왔다는 분석도 있습니다.

특히 고래의 컨베이어 벨트 효과로 먼 거리를 헤엄치는 동안 똥이 전 세계 바다로 퍼지니 영양분이 골고루 뿌려지게 됩니다. 고래는 바닷물의 무게 때문에 심해에서는 똥을 못 싼대요. 그래서 꼭 바다 표면 가까이 올라와서 배설하고 다시 들어갑니다. 바다를 위아래로 오가는 펌프 작용으로 광합성이 되지 않는 깊은 바다까지 영양분을 섞어주게 되죠. 먹이사슬 가장 위에 있는 고래의 똥이 먹이사슬의 시작점인 식물성 플랑크톤의 성장을 돕는 신기한 자연의 순환입니다.

생태계 균형을 지키는 순환은 이뿐만이 아닙니다. 식물성 플랑크톤은 광합성 과정에서 흡수한 탄소와 함께 크릴새우와 같은 동물성 플랑크톤에게 먹히고, 또 크릴새우는 육식 동물에게 먹히죠. 탄소는 먹이사슬을 따라 이동해요. 마지막에는 육식 동물의 사체와 함께 천천히 심해로 가라앉아요. 고래 낙하는 여러 단계로 축적된 탄소를 저장하는 셈이에요.

깊은 바다에서 위쪽을 쳐다보면 이렇게 해수면 근처에서 살다 죽은 플랑크톤과 물고기, 작은 동물들의 사체와 배설물이 마치 하얀 눈이 내리는 것처럼 보인다고 해요. 그래서 바다의 눈, '마린 스노우marine snow'라고 불러요. 고래와 같이 거대한 해양 생물이 죽으면 5년 넘게 눈이 내리기도 해요. 유기물 덩어리인 바다의 눈은 심해 생물들의 귀중한 먹이가 되기도 하고, 심해로 가라앉아 밑바닥에 쌓이면 탄소를 저장하는 효과도 있어요. 바다의 눈이 돼 심해로 흡수되는 이산화탄소는 약 370억 톤, 나무 1조 7000억 그루가 흡수하는 양과 비슷하대요.

멸종 위기인 고래를 보호하는 것이 기후 위기를 극복하는 열쇠가 될 수 있다는 과학자들의 조언은 자연의 순환을 되살려야 한다는 충고이기도 합니다. 1985년 상업적으로 팔기 위해서 고래를 잡는 포경이 금지된 후 자취를 감췄던 고래들의 숫자가 조금씩 회복되고 있죠. 하지만 겨우 되살린 불씨는 지구 온난화로 다시 위협받고 있어요. 순환 고리를 지금 연결하지 못하면 인류는 문제를 해결할 마지막 기회를 잃을지도 몰라요.

고래는 어디로 갔나

　유엔의 '기후 변화에 관한 정부 간 협의체IPCC'는 앞으로 기온이 1.5도, 최대 2.5도 상승하면 지구의 동물과 식물 20~30퍼센트가 멸종 위기에 처할 수 있다고 밝혔습니다. 기후 변화가 수많은 연쇄효과를 부르기 때문이에요. 대기와 바다 온도만 올라가는 게 아니라 해수면 높이, 산소와 염분 농도에도 영향을 미치니까요. 강우와 폭풍의 빈도, 파도와 해빙 범위까지도 바꿔놓을 거예요.

　고래도 서식지와 먹이를 비롯해 생활의 모든 부분에서 영향을 받고 있습니다. 그런데 그 결과가 어떻게 나타날지는 아직 예측하기 어려워요. 고래와 바다에 관한 연구가 부족하거든요.

세계의 자원과 자연을 보호하기 위해 설립된 국제기구인 세계자연보전연맹IUCN은 지구의 야생 식물과 동물의 다양성을 지키기 위해 1964년부터 멸종 위기에 대한 보전 상태 위험도를 발표하고 있습니다. '적색 목록Red List'이라는 보존 상태 목록이지요. 여기에 포함된 67종의 고래류 중 60퍼센트는 '데이터 부족'으로 분류돼 있습니다. 고래를 보기가 점점 힘들어지고 있는 것은 사실이지만, 그 이유는 정확하게 알지 못한다는 의미입니다.

IUCN에서 멸종 위기종으로 지정한 모든 고래는 기후 변화로 숫자와 서식지의 범위가 축소될 것으로 추정하고 있습니다. 육지에서 바다로 건너간 고래는 강한 적응력을 발휘해 환경에 맞게 진화하며 오랜 시간을 살아온 동물이에요. 하지만 환경의 변화 속도가 너무 빨라졌습니다. 포경이 금지된 후에도 한국에서만 매년 수천 마리의 고래와 물개 등 해양 포유동물이 죽고 있어요. 다른 물고기를 잡으려고 친 어망에 잡히는 경우도 많아요.

어업 밀집도가 높은 우리나라는 바다에 아주 촘촘하게 그물을 칩니다. 그러다 보니 1년에 1300마리의 고래가

다른 물고기를 잡으려고 친 어망에 잡힌 돌고래.

그물에 걸려 목숨을 잃고 있습니다. 가장 많이 혼획되는 고래는 상괭이예요. 먹이인 오징어나 갈치를 잡으려다가 그물에 갇혀 1년에 800~1000마리가 죽습니다. 상괭이는 2006년 3만 6000마리 정도가 있었는데, 2011년 발견된건 1만 3000마리 정도로 절반 이상이 사라져 멸종 위기종으로 분류됩니다. 밍크고래도 1년에 80~100마리가 그물에 잡혀 올라와요.

고래를 상업적으로 잡는 것은 금지돼 불법이지만 어망

이나 그물에 우연히 잡힌 고래는 시장에 내다 팔 수 있습니다. 그래서 잘못 걸려든 고래는 '로또'라는 말을 듣기도 해요. 귀해진 덕분에 한 마리가 1억 원에 팔리기도 하거든요.

해양경찰청은 매년 혼획되는 고래를 조사합니다. 상괭이는 2018년 781마리, 2019년 1464마리, 2020년 1074마리, 2021년 624마리 잡혔습니다. 참돌고래는 같은 연도에 각각 258마리, 356마리, 127마리, 286마리가 그물에 걸렸어요. 밍크고래는 86마리, 69마리, 74마리, 62마리가 우연히 잡혔대요. 이렇게 많은 고래가 정말 운이 나쁘게 그물에 걸린 것일까요?

포경이 금지된 후 전 세계 바다에서 고래의 개체 수가 아주 천천히 회복되고 있습니다. 과거에는 한반도 연안에서도 쉽게 볼 수 있었지만 1970년대 멸종 위기에 처한 참고래는 마지막으로 동해에서 1980년에 잡힌 이후 아주 드물게 발견될 뿐이었어요. 향고래도 마지막 기록이 1937년이었어요. 2000년부터 시작된 조사에서 한두 마리 정도 보이는 게 전부였습니다.

그런데 국립수산과학원 고래연구소가 2023년 참고래 50여 마리, 향고래 100여 마리 이상이 국내 연안에서 서식하는 걸 확인했습니다. 상괭이가 남서해안에 1000여 마리, 서해안에도 약 3500마리 분포돼 있다고 추정했습니다. 동해에서 밍크고래도 약 700마리가 발견됐어요. 아직 적은 숫자이지만 한 번 사라진 고래가 다시 돌아오는 데까지 얼마나 노력해야 하고 오랜 시간이 걸리는지 알 수 있어요.

지구 면적의 70퍼센트를 차지하는 바다에는 70만 종이 넘는 생물이 삽니다. 바다에서는 인간이 먹는 식량의 15퍼센트를 차지하는 물고기가 있고요. 가장 깊은 곳은 1만 994미터(마리아나 해구)에, 평균 수심은 4000미터인 바다는 아직 미지의 영역입니다. 우리가 알고 있는 생물은 전체의 5퍼센트밖에 되지 않는다고 해요.

그런데 몇 년 안에 해양 생물의 80퍼센트가 멸종할 것이라는 예측이 나옵니다. 지구에서 처음 생물을 탄생시킨 바다. 식물성 플랑크톤이 광합성으로 지구 산소의 절반을 생산한 바다. 이산화탄소를 흡수해 맑은 대기를 순환시키는 바다. 고래가 숨 쉬지 못해 텅 빈 바다에서 인간은 과연 살아남을 수 있을까요?

3

◆

무너지는
해양 생태계

생태 축으로 연결된 바다

한반도를 둘러싼 서해, 동해, 남해를 따라 가까운 연안과 먼바다, 갯벌과 육지를 이어 국가가 정해놓은 해양 생태 축이 있습니다. 건강한 바다를 만들기 위한 생태적 구조와 기능을 연결해놓은 거예요. 해양 생태계 순환이 멈추지 않으려면 보호가 필요한 곳들이기도 하죠.

예를 들어 서해안 연안 습지에는 갯벌 생물이 많이 살고 있어요. 물범, 상괭이 등 보호 생물들은 서해로 새끼나 알을 낳거나 먹이를 찾아서 옵니다. 한류와 난류가 만나 다양한 어류가 서식하는 동해 깊은 바다는 훌륭한 자원이기도 하고요. 제주 먼바다부터 독도해협까지 남해와 동해로 이어지는 구간은 지구 온난화로 수온이 높아져 아열대성 어종이 늘어나 생물과 환경의 변화를 잘 관찰해야 합니다.

생물들이 살아가는 바다 공간은 파도의 흐름처럼 이어져 있습니다. 한 곳이 달라지면 도미노가 쓰러지듯 변화가 퍼져 나가요. 한류성 어종은 수온이 올라가면 상대적으로 더 추운 북쪽으로 서식지를 옮깁니다. 그럼 그 물고기를 먹는 고래도 따라서 이동해요.

바다에 쏟아진 기름은 물 위를 떠다니다가 플랑크톤, 조개, 바닷새, 고래로 연결되는 먹이사슬 순서대로 동물들의 몸속에 축적됩니다. 세계 바다를 누비는 선박에는 무게중심을 잡기 위한 평형수가 실려 있어요. 다른 지역의 물질과 생물이 물에 담겨 먼 거리를 이동해 쏟아져 나오면 기존 생태계를 깨뜨리는 침입자가 되기도 합니다.

물속이 아니면 살아갈 수 없는 해양 생물은 지구에 존재하는 생명체의 80퍼센트를 차지해요. 지구의 온도와 환경이 변하면서 그 안의 거대한 생태계도 치명적인 영향을 받습니다. 전 세계에 20만~30만 마리가 살았던 고래상어는 이제 1만 마리밖에 남지 않았어요. 100년 전까지 100만 마리가 넘었던 바다표범은 고작 7만 마리 정도가 발견되고 있죠.

고래도 마찬가지입니다. 1900년 이후 마구잡이 포경의 시대 100여 년, 290만 마리의 고래가 인간에게 포획돼 팔렸습니다. 1946년 국제포경위원회International Whaling Commission, IWC가 설립됐고, 1986년 상업적 포경은 전면 금지됐습니다. 이제 남은 고래는 전 세계 130만 마리 정도입니다.

세계자연기금World Wide Fund for Nature, WWF이 지정한 멸종 위기 동물 27종에도 포함된 고래는 과거에 비하면 숫자가 4분의 1밖에 되지 않아요. 국제포경위원회는 90여 종 가운데 밍크고래와 흰수염고래, 향유고래 등 13개 종의 숫자가 더 줄어들지 않도록 특별히 관리하고 있습니다.

포경을 멈춘 후에도 고래는 다시 돌아오지 못하고 있습니다. 새로운 위협이 많아졌기 때문입니다. 기후 변화로 그동안 살았던 바다의 변화가 심각해지면서 터전을 잃거나 먹이가 사라졌어요. 오염된 바다에서 화학·독성 물질에 중독되기도 해요. 운항 횟수가 늘어난 선박에 치이기도 하고, 자원 탐사나 군사 작전으로 발생한 소음 공해에 시달리기도 합니다. 바다에 흘러든 크고 작은 플라스틱을 먹이인 줄 알고 먹었다가 병에 걸리기도 합니다.

특히 인간이 오징어나 물고기를 잡기 위해 쳐놓은 그물, 양식용 어망, 바닷속을 쓸어 담는 저인망 등에 걸려 죽는 경우가 많아요. 이런 어업 활동 과정에서 잡히는 고래는 매일 1000마리 정도, 1년에 최소 30만 마리나 된다고 해요. 1974년 동해에서 마지막으로 포착된 긴수염고래가 2015년 40여 년 만에 발견됐는데, 홍합 양식을 위해 바다에 쳐놓은 줄에 걸린 모습이었다고 해요. 멸종 위기인 긴수염고래는 해안 근처에 살다 보니 고기잡이 도구에 몸이 걸립니다.

크기가 1~2미터 정도로 작은 쇠돌고래나 2미터 안팎인 낫돌고래에게 자망은 가장 위협적인 무기예요. 물고기가 지나는 길목에 그물을 길게 연결해 설치해놓는 것인데, 몸이 걸리면 빠져나갈 수 없습니다. 그래서 자망어업을 금지한 바다도 많아요. 얕은 물에서 사는 상괭이도 다른 어류를 잡을 때 잘못 따라와 잡힙니다.

이제는 거의 찾기 힘든 양쯔강돌고래처럼 인간이 활동하는 도시 근처에 사는 고래는 환경 오염으로 서식지가 파괴되기도 해요. 칠레돌고래는 물고기 양식업이 늘어나면서 서식지에서 쫓겨나고 있어요. 흑해와 지중해에 서식하는 참돌고래들도 바다 오염과 먹이 부족, 어구에 얽히는 사고로 개체 수가 줄었죠. 300미터 깊이 바다에서 활동하는 큰코돌고래는 군사용 음파탐지기 등의 소음에 시달립니다.

1920년대까지 기름과 가죽을 얻으려는 인간의 탐욕으로 고래와 돌고래들이 멸종 위기에 처했습니다. 국제 협정으로 사냥이 금지되고 플라스틱 등 새로운 대체 물질이 발명되면서 수지가 맞지 않게 되자 포경은 겨우 멈췄어요. 하지만 해양 생태계를 무너뜨리는 인간들의 활동은 더 광범위해졌습니다. 삶의 터전이 위협받는 상황에서 고래가 살아남을 방법이 있을까요?

바다를 초토화하는 기름 유출 사고

2007년 12월 7일 오전 7시 6분, 충남 태안 만리포 앞 바다에서 해상 크레인을 실은 배가 대형 유조선과 충돌했습니다. 사고가 나자 선박에 저장됐던 원유가 순식간에 바다로 쏟아져 나왔어요. 무려 원유 1만 2547킬로리터, 약 1만 900톤이 유출돼 태안반도를 뒤덮었습니다.

충남과 전북, 전남까지 해류를 타고 기름이 번지면서 바다 3만 4703헥타르를 오염시켰죠. 충남 지역 해안선 70킬로미터가 새까만 기름으로 덮였고, 다른 지역까지 퍼지면서 전국 375킬로미터의 해안선이 피해를 입었어요. 태안에서 어류 등을 키우던 양식장 380곳, 해수욕장 15곳도 오염됐습니다.

해수면이 보이지 않는 까만 기름띠와 기름을 뒤집어쓴 갈매기, 바위틈에까지 낀 기름때를 그냥 둘 수 없다고 생각해 전국에서 자원봉사자들이 찾았어요. 무려 123만 명의 시민이 바다를 살리려고 도왔습니다. 200만 명이 넘는 사람들이 바위 하나, 바닷물 한 방울까지 손으로 닦자 기름은 점점 사라졌어요.

이렇게 폐유 4175킬로리터를 제거했지만, 태안 바다에 바지락과 우럭 등이 예전처럼 다시 잡히기까지 10년이 넘는 세월이 걸렸습니다. 사고 이후에도 수년 동안 김과 파래 등 해조류 생산이 절반으로 줄었죠. 태안에 사는 조개와 갑각류에서는 벤젠 화합물이나 구리, 카드뮴 등 중금속이 발견됐습니다.

매년 4월 22일은 '지구의 날Earth Day'이에요. 인간이 자연에 저지른 잘못을 반성하며 만든 특별한 날입니다. 1969년 미국 캘리포니아주 샌타바버라 해안에서 1130만 킬로리터가 넘는 기름이 바다로 쏟아진 사고가 발생했습니다. 바닷속에서 원유 시추 작업을 하던 정유회사가 사용한 폭발물에 장비가 손상돼 기름이 새어 나온 거예요. 돌고래와 물개, 바닷새를 비롯해 수많은 동물이 오염된 바닷물에서 죽었고, 해양 식물도 고사해 생태계가 전멸했습니다. 이 사고는 환경문제의 심각성을 인식하게 했고, 인간의 활동이 자연에 미치는 영향을 최소화해야 한다는 시민들의 운동으로 이어졌습니다. '지구의 날'은 인간의 행동과 실수가 지구를 망치고 있다는 교훈을 되새기는 날인 것이죠.

바다로 유출된 기름이 해양에 미치는 영향은 참혹합니다. 우선 해수면 위로 기름 막을 만듭니다. 파도가 치는 바다에서는 기름이 빠른 속도로 번져 원유 100리터만 유출돼도 0.1마이크로밀리의 얇은 막이 1제곱킬로미터의 넓은 면적을 덮어버린다고 해요. 이 얇은 기름 막은 바다에 비닐을 씌운 것처럼 태양 광선과 공기 중의 산소를 차단해버립니다. 바다에 사는 생물들은 숨을 쉴 수도, 광합성을 할 수도 없게 되는 거예요.

햇빛과 공기가 사라진 바닷속은 죽음의 공간이 됩니다. 게다가 기름은 바닷물보다 열 배나 무거워요. 제때 제거하지 않으면 해저로 가라앉고 맙니다. 끈적한 이 검은 덩어리는 바다 밑바닥을 아스팔트처럼 덮습니다.

원유가 바닷물에 떠다니다 고래나 돌고래 등 해양 동물의 눈이나 폐로 들어가면 장기가 손상됩니다. 날개에 기

© Joel Luna Prado

기름에 덮여 죽은 새. 바다에 기름이 유출되면 해안가의 생물이 떼죽음을
당하고 바닷속도 햇빛과 공기가 차단돼 죽음의 공간이 된다.

름이 붙은 새는 저체온증으로 죽을 수도 있어요. 깃털 사이
에 공기를 채워야 체온을 유지할 수 있는데, 기름이 달라붙
으면 이런 기능을 방해하기 때문이에요.

치명적인 파괴를 막기 위해 바다에 오염 물질을 유출
한 선박은 소유자가 책임을 지는 해양오염방지협약이 있습
니다. 이 협약은 샌타바버라 사고가 나기 전 1967년 영국
에서 초대형 유조선이 암초에 부딪혀 원유 탱크에 구멍이
난 사고 때 만들었던 거예요. 하지만 방대한 원유 유출은 막

지 못하고 바다는 계속 오염됐습니다.

2010년 4월 20일 미국 뉴올리언스 남쪽 멕시코만 해상에서 영국 석유회사 브리티시 페트롤리엄의 시추선 폭발 사고는 인류 역사상 최악의 사건으로 기록됩니다. 수심 1500미터 깊이에 있는 원유를 시추하는 파이프가 쓰러져 3개월 넘게 기름이 계속 나왔던 끔찍한 사고였어요. 태안 사고의 60배가 넘는 원유가 흘러 약 24만 제곱킬로미터, 한반도 절반 넓이의 바다를 뒤덮었습니다. 바다에 사는 새 100만 마리, 굴은 83억 마리, 바다거북 17만 마리, 돌고래 3000마리가 죽었습니다.

기름 유출은 한 번 일어나면 되돌릴 수 없을 정도로 해양 생태계에 치명적인 결과를 초래합니다. 동물과 식물들이 죽는 것은 물론이고, 살아남는다고 해도 세포와 장기가 손상돼 제대로 성장하거나 생활할 수 없습니다. 서식지가 망가져 제대로 살아갈 터전을 잃은 개체들은 그 숫자가 급감하지요. 유해 성분으로 둘러싼 환경에서 자란 생물들이 어부의 그물에 잡혀 식탁에 올라온다면 인간도 그 영향에서 벗어날 수 없을 것입니다.

죽음의 바다, 데드존

지구의 생물들이 살아가는 데 필요한 산소는 80퍼센트가 바다에서 생성됩니다. 식물성 플랑크톤과 규조 등 바다의 나무라고 할 수 있는 해양의 단세포 생물이 만들어내죠. 대기와 맞닿은 해수면에서는 산소가 물속으로 녹아 들어가고, 파도에 깊은 바닷물과 섞여 심해로 산소가 공급돼요. 한류와 난류가 만나 섞이는 조경 수역에서 이런 혼합 현상이 활발해 용존 산소량, 즉 물속에 녹아드는 산소량과 플랑크톤이 많아 다양한 어류가 모이면서 풍부한 어장이 되지요.

반대로 산소가 부족하거나 아예 사라진 바다도 있습니다. 오수가 흘러 일시적인 부영양화로 산소가 줄어들었거나, 따뜻한 달 혹은 따뜻한 시기에 수온이 높아져 발생하는 계절성 현상일 수도 있어요. 문제는 산소가 아예 없는 죽음의 구역, '데드존dead zone'이 갈수록 늘고 있다는 점입니다. 세계자연보전연맹 보고서를 보면 1960년대 전 세계에서 45곳 정도가 발견됐던 데드존이 최근 700곳까지 늘어났다고 해요. 한국에서는 적조 현상이 자주 나타나는 남해안에 데드존이 몰려 있습니다.

IPCC의 보고서를 보면, 1970년 이후 40년간 수심 1000미터까지 해수면의 산소가 최소 0.5퍼센트에서 최대 3.3퍼센트까지 줄었다고 합니다. 바다의 용존 산소량은 리터당 4~6밀리그램은 돼야 정상인데 2밀리그램 미만으로 떨어진 곳들이 생기는 것이죠. '산소최저구역OMZ'이라고 하는데, 열대 바다에서는 그 비중이 3~8퍼센트나 된다고 합니다. 이런 곳에서는 큰 물고기는 살 수 없고 해파리만 서식해요.

데드존이 생기는 원인은 복합적이지만 그중에서도 지구 온난화가 가장 큰 영향을 미쳤을 것으로 봅니다. 기온이 상승하면 바닷물 온도 역시 높아지는데, 물의 온도가 높아지면 용존 산소량이 감소하거든요. 또 표층 온도가 급격히 상승하면 바닷물의 수직 순환이 막혀 심해로 산소 공급을 차단하게 됩니다.

온난화로 녹은 빙하의 유입량이 많아질 때도 해수면의 밀도가 낮아져 밀도가 높은 아래쪽과 섞이지 못하면서 바닷물의 위아래 순환 방식에 변화를 가져와요. 공기와 접촉해 산소가 녹아든 표층 바닷물이 깊은 바다로 들어가지 못하면서 심해 산소 농도가 낮아지게 되는 것입니다.

바닷가 지역에 영양분이 많은 담수가 흘러 들어가 동물성 플랑크톤이 대량 발생해도 비슷한 현상이 늘어납니다. 플랑크톤이 산소를 갑자기 많이 소비해버리기 때문입니다. 게다가 이들이 죽고 난 사체를 분해할 때도 산소가 많이 들어가지요.

과학 학술지 『네이처』에는 지난 50년 동안 바다의 산소량이 2퍼센트 이상이 줄었다는 연구 결과가 실렸어요. 2100년이 되면 1~7퍼센트까지 더 줄어들 수도 있대요. 1970년대 이후 지구 온난화가 심각해져 대기뿐 아니라 700미터 깊이 바다에서도 온난화 현상이 나타나고 있습니다. 바닷물 온도가 상승하면서 해양의 산소 농도는 2010년 기준 1960년보다 2퍼센트 이상 줄었고, 22세기가 되면

1960년보다 7퍼센트 낮아질 거라고 해요.

용존 산소량이 줄면 시각이 예민한 해양 생물은 시력을 잃어버릴 수도 있어요. 미국의 한 해양연구소가 연구한 결과, 오징어와 문어는 산소 농도가 낮아지면 시각이 손상돼 빛에 대한 반응력이 떨어졌습니다. 오징어잡이 배가 한밤중에 불을 환하게 켜놓고 어업을 하는 건 빛에 반응하는 오징어를 유인하기 위해서죠. 눈으로 무엇인가 보는 것은 에너지가 많이 소모되는 일인데, 산소 공급이 급격히 줄면 망막의 반응도가 떨어져 시야가 흐려지고 더 심각해지면 시력을 상실하는 거예요.

시력을 잃으면 오징어는 먹이를 찾지 못하고, 반응이 느려져 포식자를 만나도 피하지 못해 잡아먹힙니다. 사람도 산소가 적은 고지대에 가면 호흡이 곤란하고 어지럽거나 두통이 생기듯이, 산소최저구역의 어류들도 행동이 느려지는 거예요.

성장과 발육, 번식에도 문제가 발생해요. 산소가 적은 곳에서 호흡하면 숨을 쉬는 데 많은 에너지를 빼앗기거든요. 먹잇감으로 노출되는 일이 많아지면 어획량이 줄어 인간에게도 영향을 미치게 됩니다. 특히 큰 물고기는 상대적으로 아가미 면적이 넓어 더 힘이 들죠. 대형 어종은 남획으로 개체 수가 줄어들고 있는데, 게다가 저산소 현상까지 겹치면 상황은 더 악화할지도 모릅니다.

소리가 고래를 죽여요

공기 중에서는 빛을 이용한 전자기파로 레이더를 만들어 목표물의 위치와 성질을 탐지합니다. 하지만 물속에서는 레이더를 쓸 수 없어요. 전파에너지가 물 분자를 만나면 열에너지로 바뀌어 흡수돼 버리거든요. 전자레인지를 떠올려보세요. 전파가 물기가 있는 음식으로 들어가 열에너지로 따뜻하게 만든 후 사라집니다. 그래서 전파를 물에 투과시키면 얼마 가지 못해 소멸해요. 과학자들은 돌고래가 바다에서 대화를 나누는 것을 떠올려 물속에서 레이더와 같은 역할을 할 수 있는 다른 물질을 찾아냈습니다. 바로 소리의 파동인 음파를 이용한 '소나Sonar, Sound Navigation And Ranging'입니다. 수중 음파탐지기로 불리는 소나는 물속에서

소나에서 탐지한 자료로 바닷속의 지뢰를 찾는 미국 해군. 고래는 소리나 파동을 이용해 의사소통하는데, 소나처럼 음파를 이용하는 장치는 고래들에게 혼란을 일으키고 심하면 죽음에 이르게도 한다.

빠르게 전달돼 수중 목표물의 거리와 위치를 찾아낼 수 있습니다. 음파로 바닷속 물체의 존재, 위치, 성질 등을 탐지하는 방법, 또는 그러한 목적으로 사용되는 장치죠.

　　이 기술은 제1차, 제2차 세계전쟁을 치르면서 급격하게 발달했어요. 적에게 들키지 않고 작전을 수행하거나 적진의 상황을 살피는 데 바닷속만큼 안전한 곳은 없으니까요. 여러 종류의 음파를 실험하면서 굴절과 반사의 형태를 분석하고 가장 적절한 음향신호를 만드는 것입니다.

특히 바다에서는 물의 수온과 염도, 압력에 따라 음파의 속도가 달라져요. 또 대기와 달리 수중에서는 음파가 직선으로 가는 게 아니라 굴절돼 통제하기도 어렵죠. 바닷속에서 소리를 내 의사소통하는 고래들의 능력은 신비로운 힘을 가진 셈이네요.

전 세계 바다를 가장 능숙하게 다루며 누비는 고래가 최근 해안가에 떼를 지어 죽어 있는 모습이 발견되고는 합니다. 원인이 정확하게 밝혀지지 않은 경우도 많지만, 조사를 맡은 동물 전문가들은 고래들이 갑자기 방향을 잃고 해안가로 떠밀려 오는 것일 수도 있다고 분석했어요. 인간이 벌이고 있는 바닷속 군사 활동과 탐사 활동이 방향 감각에 혼란을 준 것이죠.

이빨고래는 방향을 잡기 위해 물속에서 소리를 냅니다. 다른 동물이나 바위와 같은 지형에 부딪혀서 돌아오는 소리나 파장을 듣고 거리와 속도를 계산해요. 대상물을 먹이로 파악하면 다가가 사냥을 하죠.

고래는 깊은 바다에서 생활하다가도 숨을 쉴 때 수면 위로 올라옵니다. 해수면으로 떠오를 때는 바닷속 압력에 적응하며 천천히 올라와야 해요. 그런데 이때 해군 음파탐지기에서 나는 주파수를 듣고 고래가 깜짝 놀라거나 겁을 먹게 되면 상승하는 리듬이 깨질 수 있어요. 너무 빨리 물 밖으로 올라오다가 급격한 수압 차이로 마비가 오면 방향 감각을 잃고 좌초할 수 있거든요.

음파를 이용한 탐지기뿐 아니라 공기총이 내는 바닷 속 소음도 고래에게 영향을 줍니다. 기술이 발전하면서 심해에서도 석유, 가스 등 천연자원이 매장돼 있는지 알아보는 탐사선이 활동하고 있어요. 수중에 공기총을 쏘며 바다를 조사하죠. 이런 큰 소리가 고래의 신체와 정신에 악영향을 미치는 소음이 될 수 있습니다. 고래들끼리의 의사소통을 가로막는 걸림돌이 되기도 하고요. 유조선과 유람선, 모터보트 등 각종 선박의 운항이 늘어나면서 배에서 나는 엔진 소리도 바다를 가득 메우고 있습니다.

빙하가 녹으면

기후 변화로 빙하가 녹으면 가장 민감하게 반응하는 지역이 극지방입니다. 북극과 남극은 차가운 공기가 쌓이면서 생기는 극고기압으로 1년 내내 추운 고위도 지역이지요. 워낙 기온이 낮아 열에너지가 조금만 많아져도 민감한 반응이 일어납니다.

북극에 새로운 길이 생겼어요. 지구 온난화로 빙하가 녹으면서 배가 지나갈 수 있는 항로가 뚫린 거예요. 북극항로는 유럽과 북미를 잇는 북서항로, 유럽과 아시아를 잇는 북동항로가 있습니다. 아시아 국가인 한국에서는 북동항로를 따라 쇄빙선을 타고 북극을 탐사합니다.

빙하가 녹으면서 북극항로 이용이 쉬워지면 북극에

관한 연구를 더 할 수 있어서 좋지만 한 가지 문제가 있습니다. 인간의 접근성이 좋아진다는 점이에요. 원래 빙하가 가로막고 있어 여름에 잠깐 얼음이 녹았을 때만 지나갈 수 있었어요. 그런데 이제는 기온이 상승하면서 이용할 수 있는 날이 늘어나고 있습니다.

특히 컨테이너를 싣고 물건을 나르는 화물선들에게 북극은 지름길입니다. 한국에서 유럽을 오가는 화물선은 보통 남쪽으로 내려가, 인도양을 거쳐 수에즈운하를 통과해 약 2만 킬로미터를 항해합니다. 35일 정도가 걸리죠. 그런데 태평양을 가로질러 북쪽 바다로 올라가 북극항로를 통과하면 1만 4000킬로미터만 가도 북유럽까지 도착합니다. 25일밖에 걸리지 않아 시간을 대폭 줄이고 운송비도 아낄 수 있어요.

2000년대 초반까지는 한여름에 한 달 정도 빙하가 녹아 북극의 뱃길이 열렸는데, 기온이 높아지고 여름이 길어지면서 이 기간이 5~7개월로 늘었습니다. 배들이 다니기 좋은 환경이 된 거예요.

북극은 고래에게도 중요한 장소입니다. 식물성 플랑크톤이 많아 먹이가 풍부한 좋은 서식지여서 새끼를 배불

배와 충돌해 죽은 흰긴수염고래를 조사하는 대학 연구원들. 교통 기술이 발달하면서 선박 숫자가 늘어난 만큼 배와 충돌해 사망하는 고래도 늘었다.

리 먹이며 무럭무럭 키울 수 있어요. 이런 곳으로 화물선을 포함해 인간이 탄 선박의 이동이 많아지면 어떻게 될까요? 해양은 오염되고 바닷속 소음이 늘어날 겁니다. 빠르게 지나다니는 선박을 고래가 미처 피하지 못하면 충돌하는 사고도 잦아질 수밖에 없겠죠. 해양 분야의 교통 기술이 발달하면서 1990년대보다 선박 숫자가 이미 네 배 넘게 늘었습니다.

동물 보호 단체들은 매년 전 세계 바다에서 수천에서

수만 마리의 고래가 선박과 부딪히는 사고를 당하는 사실을 조사했어요. 다친 고래 열 마리 중 여섯 마리 이상은 척추가 꺾이는 등 목숨을 위협할 정도로 크게 다칩니다. 전문가들은 고래를 보호하기 위해 시속 18.5킬로미터 수준으로 배를 몰아야 한다고 권고합니다. 하지만 이런 속도로 달리던 대형 선박에 부딪힌 고래의 80퍼센트가 죽는다고 해요.

과학자들은 벨루가가 시속 35킬로미터 이상으로 달리는 쇄빙선을 보면 빠르게 달아나는 모습을 확인했다고 합니다. 혹등고래는 선박에서 30킬로미터나 떨어진 곳에서도 소음에 반응하고, 일각고래는 배를 보면 물속에서 발성을 내지 않는 것으로 나타났습니다. 많은 사고를 경험하면서 두려움이 생긴 것이에요. 인류에게 북극이 개척해야 할 공간이 된다면 시추 탐사와 석유 등의 자원 개발이 더 활발해지겠죠.

지구 온난화로 추운 곳에 사는 물고기들은 점점 북쪽으로 이동하고 있어요. 그래서 2050년이 되면 북극해 주변의 어획량이 전체 바다의 40퍼센트 가까이 차지할 정도로 늘어날 것이라고 해요. 지금보다 어류의 종류도 두 배 넘게 많아질 것이고요. 기후 변화의 영향으로 북극에 온 해양 생

물들이 더는 도망갈 곳이 없는 북극에서 더 큰 고통을 당하
게 될 수도 있다는 이야기입니다.

4
◆
뜨거워지는
바닷물

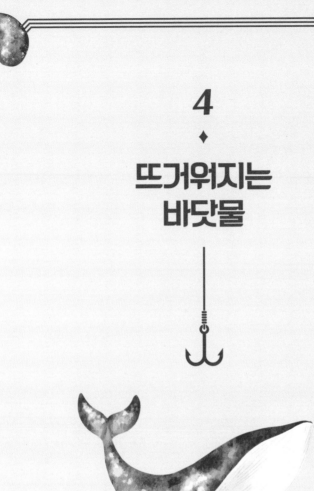

컨베이어 벨트가 느려지면
생기는 나비효과

바다는 거대한 만큼 변화의 속도가 느립니다. 지구 표면의 70퍼센트를 차지하는 방대한 면적인 데다 액체는 대기보다 비열이 크기 때문이에요. 비열은 물질 온도를 1도 높이는 데 드는 열에너지를 의미합니다. 비열이 크다는 것은 가지고 있을 수 있는 열의 용량이 크다는 뜻이에요.

그래서 지구 공기 전체를 섭씨 1도 올릴 수 있는 열에너지로 바닷물은 해수면에서 3.6미터 깊이까지밖에 데우지 못해요. 이산화탄소 축적량도 바다가 대기의 50배나 됩니다. 이런 특징으로 앞에서 이야기한 것처럼 온난화로 증가한 열의 90퍼센트, 이산화탄소 30퍼센트를 바다가 흡수해주는 덕분에 기후 변화의 속도를 그나마 늦출 수 있어요.

거대하고 느린 해양 대순환은 수천 년에 걸쳐 진행됩니다. 바다의 심층수가 생성되고 다른 바닷물과 혼합되며 아래에서 위로 용승을 해서 이동하는 과정을 한번 따라가 볼까요.

순환의 시작이라 볼 수 있는 북극해에 접한 북대서양, 그린란드 바다에서는 심층수가 생겨요. 극한으로 추운 지역에서는 바다가 얼면 물은 얼음이 되고 소금은 빠져나와 바닷물의 염분을 높입니다. 염분으로 밀도가 증가한 해수면은 2~4킬로미터 아래로 가라앉아 남쪽으로 흘러요.

무거운 심층수는 대서양 심해에서 남극해까지 이동합니다. 이후 남극 저층수와 동쪽으로 흘러 해저 환남극 심층수를 형성하거나 인도양과 태평양까지 영향을 미쳐요. 이렇게 심층수는 흘러갈수록 점점 다른 해수와 혼합돼 차고 염도가 높은 특성이 사라지면서 위쪽으로 올라옵니다. 그 뒤 표층 해류를 따라 다시 대서양으로, 북쪽으로 이동해 그린란드로 돌아와요.

심층에서 초속 1센티미터로 느리게 이동하는 순환은 마치 컨베이어 벨트를 따라 이동하는 움직임 같다고 해서

'해양 컨베이어 벨트'라고 부릅니다. 바닷물의 온도와 염분이 밀도 차이를 만들기에 '열염순환'이라고도 하죠. 이렇게 한 바퀴를 도는 데 1000~1500년이 소요된다고 해요.

해양 대순환이 없다면 적도의 열에너지를 극지방에 분산할 수 없습니다. 또 바다 표면에 녹아 있는 산소와 탄소, 영양분이 심해로 섞이지 않아 생태계 균형을 이룰 수 없어요. 매일 눈에 보이지 않을 만큼 움직이는 바다는 미세한 막힘도 나비효과를 불러 큰 후폭풍을 일으킵니다. 마지막 빙하기가 끝나고 다시 따뜻해지던 지구에 약 1만 2800년 전 한랭기가 닥친 적이 있어요. 해양 컨베이어 벨트가 일시적으로 정지해서 벌어진 현상이었다고 해요.

그런데 지금 바다는 지구 역사에서 약 1만 1000년 전인 해빙기 이후 지난 100년간 가장 급변하고 있어요. 6500년 전부터 수백 년 전까지 상승한 기온보다 최근 10년간 온도 변화가 더 큽니다. 특히 해수면 온도의 상승 속도, 바닷물의 수소이온농도지수$_{pH}$는 최근 수십 년 동안 급격하게 변했습니다. 순환을 이어주는 작은 고리가 끊긴다면 바다는 기후를 조절하는 능력을 잃고 인류의 삶을 위협하는 결과를 가져올 거예요.

바다의 폭염 해양 열파

바닷속도 온난화를 피해 갈 수 없어요. 한반도 주변 해수 온도는 1968년과 2014년, 46년 사이에 1.18도 뜨거워졌어요. 특히 무더위가 시작되는 7월 해수면 평균 수온이 2010년 이후 매우 빠르게 상승하고 있다고 해요. 수온을 관측하기 시작한 1997년 이후 여름 바다 기온은 1년에 0.14도씩 올랐는데 최근 10여 년은 1년에 0.34도씩 올라 2.5배나 더 높아졌습니다. 따뜻해진 물이 팽창해 부피가 늘어나면서 1975년 이후 2014년까지 해수면 높이도 1년에 2.48밀리미터씩 올라가고 있어요.

기후 변화가 심각해진 이후 가장 괴로운 계절은 여름입니다. 봄이 사라지고 여름의 시작이 빨라지면서 최고 기온이 매년 올라가고 있어요. 폭염 기간도 길어졌죠. 육지만 그런 게 아닙니다. 바다에도 극한 무더위가 찾아옵니다. 방대한 면적의 해양 표면 온도가 급증하는 바다의 폭염, '해양 열파Marine Heatwaves' 현상이에요.

물은 비열이 커 공기보다 변화가 적은데도, 바닷물 온도가 대기 온도의 99퍼센트 수준까지 올라갑니다. 물속에 있으나 밖에 있으나 온도가 비슷한 거예요. 물에서 해양 열파가 나타나는 일은 매우 드물지만, 일단 발생하고 나면 온도를 낮추기가 쉽지 않습니다. 액체는 열을 전달하는 속도가 느리기 때문이에요. 그래서 이런 고수온 상태는 여름철에 최대 한 달간 이어집니다.

물속 폭염은 해양 생태계에 미치는 영향도 치명적이에요. 부산대학교 기후과학연구소가 1982년부터 2016년까지 해양 열파가 나타나는 주기를 조사해보니 30여 년 만에 빈도가 두 배나 늘었다고 해요. 뜨거워지는 면적은 점점 넓어지고, 매년 최고 기온을 갱신해요. 대기 온도가 높아질 뿐 아니라 오존층 파괴로 자외선이 그대로 들어와 바다에 전달하는 열에너지도 늘었습니다.

2011년 오스트리아 연안에서는 무려 10주간 이어진

해양 열파로 생태계가 초토화됐어요. 해수면 온도를 6도나 높인 미국 캘리포니아 앞바다 해양 열파로 한 번 뜨거워진 바닷물이 다시 식는 데 1년 넘게 걸렸습니다. 산호초가 파괴되고, 독성을 가진 녹조가 번지면서 물고기와 바다사자, 고래, 바닷새가 떼죽음을 당했습니다. 그동안 해양 열파로 지구에서 사라진 산호초는 전체의 20퍼센트나 된다고 합니다.

바다의 폭염으로 사계절 내내 수온이 28도 이상으로 따뜻한 '웜풀Warm Pool'의 면적도 넓어졌어요. 열대 지역 인도양과 태평양에 걸쳐 나타나는 웜풀 해역은 최근 기온이 30도를 넘어가고 있습니다. 특히 서태평양 웜풀에서 생긴 열에너지는 태풍을 만드는 씨앗이 됩니다. 수온이 높아져 열에너지가 커진 상태가 되면 엄청난 위력의 슈퍼태풍이 만들어지지요.

우리나라에 가장 큰 피해를 준 태풍 루사와 매미는 공통점이 있어요. 8월 말에서 9월 초에 발생한 '가을 태풍'이라는 점이에요. 루사와 매미는 무더위가 기승을 부리던 때 수온이 높아진 제주도 동쪽을 지나 한반도로 북상해 동해로 빠져나갔습니다. 서태평양의 뜨거운 수증기가 태풍의

땔감으로 작용해 태풍을 더 활활 타오르게 한 거예요.

웜풀의 형태는 바람의 세기, 수온에 따라서 달라집니다. 태평양 위 적도를 따라 남미에서 아시아 방향으로 부는 무역풍이 약해지면, 바다 표면과 심해가 섞이지 못해 밑에서 차가운 바닷물이 상승하지 못합니다. 그러면 웜풀은 동쪽 해역으로 넓어져 동태평양이 평소보다 따뜻해져요. 그러면 원래 비가 많이 오는 동남아 지역은 건조해지고, 건조했던 미국 캘리포니아와 페루 연안은 폭우가 내려요. 바로 엘니뇨 현상입니다.

반대로 무역풍이 강해지면 웜풀은 서쪽으로 커지며 미국 남부는 가뭄, 캐나다와 아시아는 폭우 피해를 겪게 되지요. 라니냐라고 불리는 현상이에요. 엘니뇨와 라니냐는 보통 2~7년마다 나타나 한 번에 9~12개월 이어집니다.

엘니뇨는 스페인어로 '남자아이' 혹은 '아기 예수'라는 뜻입니다. 크리스마스 시즌에 갑자기 에콰도르 해수면 온도가 높아져 어획량이 줄어드는 현상을 어부들이 예수가 주는 휴가라고 여기면서 붙은 이름이라고 해요. 반대 현상에는 '여자아이'라는 의미의 라니냐라고 붙였지요. 두 현상 모두 지구 온난화로 열대 지역의 웜풀이 변하면서 적도 인근의 대기 흐름이 달라진 것이 원인으로 보입니다.

　　IPCC의 2021년 보고서를 보면 1950년 이후 엘니뇨와 라니냐는 점점 강력해지고 있습니다. 예측할 수 없는 극단적인 날씨는 전 세계 식량과 에너지 분야에도 영향을 미치죠. 과학 저널 『사이언스』에 발표된 미국 다트머스대학교의 연구에 따르면, 엘니뇨는 한 번 나타나면 이후 수년간 경제적인 손실을 일으키고 있어요. 전 세계에서 발생하는 홍수와 가뭄, 어획량 감소로 입는 피해와 복구 비용은 5000조~7000조 원에 달합니다.

바다 생물 죽이는 해양 산성화

대기에 늘어난 이산화탄소를 흡수해 온난화를 막아주는 바다. 그런데 바다가 받아들여야 하는 이산화탄소가 많아질수록 해양 생물들의 삶에 큰 변화가 닥칩니다. 바다가 탄소를 많이 흡수하면 바닷물의 수소이온(H^+) 농도가 높아지기 때문이에요.

이산화탄소(CO_2)는 물(H_2O)과 만나면 탄산(H_2CO_3)을 만들어요. 이 탄산은 중탄산($HCO_3{-}$)과 수소(H^+)로 이온화하는데, 수소이온(H^+)은 탄산이온($CO_3{}^{2-}$)과 반응해 중탄산염($HCO_3{-}$)이 됩니다. 그런데 이런 반응이 많이 일어나면 조개와 새우, 바다달팽이, 성게, 홍합, 굴, 게 등 해양 생물이 살 수 없게 돼요. 바다 생물들의 골격과 껍데기는 탄산칼슘

$(CaCO_3)$으로 이뤄져 있는데, 탄산칼슘을 만드는 데 필요한 것이 바로 탄산이온(CO_3^{2-})이거든요.

바다에 탄산이 많아지면 갑각류와 조개류의 껍질에서 칼슘이 빠져나가 껍질을 얇게 하거나 구멍이 뚫리죠. 사람으로 치면 뼈를 만들고 단단하게 해주는 성분이 사라져 골다공증이 생기는 것입니다. 석회질로 구성된 생물은 아예 골격을 만들지 못하거나 산성화된 바닷물에 껍데기가 녹거나 사라질지도 몰라요.

순수한 물의 수소이온농도(pH)를 중성, pH 7에 놓고 값이 7보다 작으면 산성, 7보다 크면 염기성이 됩니다. 바다는 pH 값이 보통 7.5~8.4 정도로 약한 알칼리성을 띱니다. 수소이온의 농도가 높아져 pH가 낮아지는 현상을 '해양 산성화Ocean acidification'라고 해요. 그렇다고 바다가 식초처럼 산성화되지는 않습니다. pH 7 이하로 떨어지는 것은 아니지만 값이 조금씩 내려가는 과정에서 많은 문제가 발생해요.

바다는 산업혁명 이후 산성도가 약 30퍼센트 정도 증가했습니다. 과학자들은 대기의 이산화탄소 농도가 지금 속도로 계속 늘어나면 21세기가 끝날 때쯤엔 pH가

0.2~0.4 정도 떨어질 수도 있다고 분석합니다. 그런 바다에서는 골격이 탄산칼슘으로 이뤄진 해양 생물은 뼈가 녹아 살지 못해요.

산성화된 바닷물에 가장 많은 영향을 받은 산호초는 이미 사라지고 있습니다. '바다의 열대우림'이라 불리는 산호초는 지구상에서 가장 다양한 생태계를 구성하는 지형입니다. 산호초 군락의 면적은 전 세계 해양의 0.1퍼센트 수준에 불과하지만, 해양 생물의 25퍼센트가 의존해 살고 있어요. 어류뿐 아니라 연체동물, 벌레, 갑각류, 해면동물 등 3만여 종 생물의 서식지예요. 산호초가 '바다의 인큐베이터'라고 불리는 이유입니다.

산호는 꽃이나 나뭇가지처럼 보여서 식물로 오해받지만 사실 동물입니다. 말미잘이나 해파리처럼 근육과 촉수가 있는 자포동물이에요. 촉수에 있는 독을 이용해 먹이를 잡아먹습니다. 산호는 움직이지 않고 한곳에서만 사는데, 평소에는 탄산칼슘으로 만든 뼈대 속에 촉수를 숨기고 있어요.

산호들은 혼자 살지 않고 수백만 개가 연결돼 큰 집단을 이루며 삽니다. 부채처럼 펼쳐진 나무 모양의 화려한 산

해양 생물의 25퍼센트가 의존해 살고 있는 산호초는 바닷물이 산성화하면
제대로 성장하지 못하는 등 크게 영향을 받는다.

호를 본 적이 있을 거예요. 작은 해양 생물들이 가지 모양의
지형에 요리조리 숨어서 산답니다. 산호초는 이렇게 군락
을 이룬 산호의 탄산칼슘이 쌓여 만들어진 지형을 부르는
말입니다.

　산호초는 해양 산성화와 수온 상승으로 빠르게 파괴
되고 있습니다. 산성화로 잘 성장하지 못하고, 물의 온도가
높아지면 산호가 공생하는 단세포 조류를 뱉어내기 때문입
니다. 산호는 색깔이 다양해 보이지만 원래는 색이 없어요.

산호에 붙어사는 조류가 녹색, 붉은색 등을 띠어 화려하게 보입니다.

조류는 산호가 호흡할 때 나오는 이산화탄소로 광합성을 하면서 산호에게 필요한 산소와 포도당 등 에너지를 공급합니다. 그런데 산성화와 온난화가 이 공동체를 깨뜨리면 조류가 빠져나와 산호가 하얗게 변하는 백화 현상이 생겨요. 하얀 산호는 영양분이 없어 곧 죽게 될지도 몰라요.

하얗게 변한 산호에서 탄산칼슘($CaCO_3$)이 빠져나와 바닷속을 덮으면 갯녹음 현상이 생깁니다. 탄산칼슘은 수온이 낮고 이산화탄소가 많은 물에 잘 녹는데, 수온이 올라가면 녹지 못하고 해저 바닥과 바위에 달라붙어요.

이렇게 바닷속에 석회 성분이 많아지면 광합성으로 산소와 영양분을 생산하는 해조류가 살 수 없는 환경이 됩니다. 또 산호말과 같은 석회조류가 번성해서 바닥을 뒤덮어 다시마와 미역 같은 갈조류가 사라져요. 그래서 바닷속은 점점 황폐해져 바다의 사막화가 일어나게 됩니다.

대표적인 피해 지역 중 한 곳이 바로 세계 최대 산호초 군락인 호주의 그레이트배리어리프Great Barrier Reef입니다. 이곳의 산호초는 퀸즐랜드 해안을 따라 약 2300킬로미터에 걸쳐 퍼져 있고, 면적은 34만 8000제곱킬로미터로 이탈리아 국토 면적보다 넓습니다.

2024년 3월 그레이트배리어리프 해양공원 관리청은 대규모 백화 현상을 확인했다고 발표했어요. 기후 온난화로 해수 온도가 상승한 가운데 엘니뇨 현상까지 겹치면서 산호의 백화 현상이 더욱 심각해졌다는 것입니다. 실제로 유럽연합 산하 코페르니쿠스 기후변화서비스에 따르면, 2024년 2월 전 세계 평균 해수면 온도는 21.06도로 사상 최고를 기록했습니다. 그레이트배리어리프는 1981년 유네스코 세계문화유산에 올랐어요. 하지만 해수면 온도 상승으로 산호초가 급격히 줄어들고 있어서 '위기에 처한 유산'으로 지정해야 한다는 주장도 나오고 있어요.

산호초의 백화 현상은 호주뿐만 아니라 세계 곳곳에서 일어나고 있답니다. 유엔이 지원하는 '세계 산호초 관찰 네트워크GCRMN'가 2019년에 내놓은 조사 결과에 따르면, 2009년부터 2018년까지 10년 사이에 세계 산호초의 14퍼센트에 해당하는 1만 1700제곱킬로미터의 산호초가 사라진 것으로 확인됐어요.

지난 30년간 전 세계 산호의 절반 가까이가 죽었고,

이대로 가다가는 산호가 전멸할 수 있다는 주장도 있습니다. 산호초는 물고기 등 많은 해양 생물들에게 서식지를 제공하기도 해요. 산호초가 살지 못하는 바다에서는 다른 생물도 살기 어렵습니다.

기후 변화 직격탄 맞은 극지방

지구 온난화가 급격히 진행된 지난 100년간 가장 큰 영향을 받은 곳은 어디일까요? 가장 추운 극지방입니다. 적도에서 가장 먼 고위도 지역인 북극과 남극은 1년 내내 기온이 섭씨 10도 이상 올라가지 않아요. 만년설로 덮인 곳에는 여름이 없죠. 반영구적으로 얼어붙은 얼음층으로 형성된 지형도 있답니다. 그래서 극지방의 온난화는 모든 것이 녹아내리는 것에서 변화가 시작돼 그 후폭풍이 어느 지역보다 크게 닥칩니다.

전 세계의 기후를 조절해 '지구의 심장'이라고 불리는 북극은 변화가 훨씬 커요. 땅 위에 형성된 남극 대륙과 달리 북극해 위에 빙하로 형성된 북극은 늘어난 열에너지를 말

그대로 온몸으로 받아들여야 합니다. 그래서 육지보다 기후 변화의 속도가 네 배나 빠르다고 해요. 1850년 산업혁명 이후 지구는 평균 기온이 1도 정도 올랐는데, 북극의 상승 폭은 두 배가 넘었습니다. 4~5도 이상 올라간 지역도 있어요.

1970년대 이후 북극의 해빙 면적은 14퍼센트가 감소했어요. 10년마다 넓이는 72만 4000제곱킬로미터씩, 두께는 30센티미터씩 얼음이 얇아진 거예요. 극지방의 빙하는 태양열을 반사해 지구가 뜨거워지는 것을 막는 역할을 합니다. 또 춥고 높은 온도의 차이를 형성해 바람을 불게 하죠. 이 바람은 지구 순환의 시작이에요.

북극의 얼음과 눈이 사라지면 태양 복사에너지가 그대로 흡수돼 기온이 더 올라갑니다. 그러면 더 많은 빙하가 녹아 온난화를 부채질하는 악순환이 계속돼요. 2040년쯤에 북극 분지는 여름이 되면 얼음이 거의 없는 상태가 될 수도 있다고 해요.

'차가운 심장'으로서 지구의 온도 균형을 맞추는 북극이 무너지면 전 세계가 영향을 받습니다. 빙하가 녹으면 바다로 흘러가 해수면이 상승하죠. 북극과 가까운 그린란드와 남극 대륙에서 사라지는 빙하만 합쳐도 1년에 4000억

그린란드 주변의 빙산. 지구의 온도 균형을 맞추는 북극이 무너지면 전 세계가 영향을 받는다

톤이 넘어요.

1900년 이후 110년간 해수면은 평균 20센티미터 가까이 상승했어요. 대기뿐 아니라 바닷물까지 온도가 올라가면서 빙하가 녹는 속도가 일곱 배나 빨라졌죠. 지금부터 탄소 배출을 줄인다고 해도 해수면은 2050년이면 30센티미터, 2100년에는 70센티미터 가까이 높아질 것으로 예측됩니다. 물은 온도가 올라가면서 부피가 팽창하기 때문에 바닷물이 따뜻해지면 해수면은 더 올라갑니다.

이미 몰디브와 투발루 등 남태평양 섬나라들은 저지대가 물에 잠기기 시작해 곧 영토 전체가 수몰될 위기입니다. 우리나라 연안 해수면도 1990년 이후 10센티미터 넘게 상승했어요. 빙하가 녹는 속도를 늦추지 못하면 서울도 안전하지 않아요. 해발고도가 평균 50미터 정도이니 100년 안에 바닷물이 차는 지역이 많아질 수도 있거든요.

극지방 온난화는 예측하지 못한 자연 현상을 만듭니다. 북극과 중위도 지역 사이에는 대기 온도의 차이로 성층권에 제트기류라는 강력한 바람 띠가 형성돼요. 항공기가 다니는 높이와 비슷해서 제트기류와 같은 방향으로 바람을 타고 이동하면 비행시간이 단축되고, 기류를 거슬러 가면 비행시간이 더 걸리죠. 북극에서 발생한 찬바람은 이 제트기류에 막혀 남쪽으로 가지 못하고 갇힙니다.

그런데 북극 기온이 올라가면 북쪽과 중위도의 온도 차이가 줄어 제트기류는 약해져요. 최근 몇 년간 한국을 포함한 아시아와 북미에서 겨울에 극강 한파가 닥치는 이유 중의 하나가 바로 이 제트기류가 북극에서 오는 바람을 막아주지 못했기 때문이라고 해요.

남극에서는 온난화 이후 탄소가 오히려 방출되는 이

상 현상도 발견됐어요. 극지연구소 과학자들은 방대한 빙하가 녹아 짜지 않은 담수가 유입되면서, 염도가 낮은 바닷물이 식물성 플랑크톤이 성장할 수 없게 방해하고, 이들의 광합성이 멈추자 탄소가 배출됐다고 추정했어요. 남극은 대기 중 이산화탄소의 10~20퍼센트를 흡수해오던 지역입니다. IPCC는 지구의 모든 지역 중 기후 변화가 가장 크고 빠르게 진행되는 북극과 남극은 생태학적인 영향과 사회적·경제적 파급력도 클 것이라고 경고했습니다.

고래를 비롯한 해양 동물들은 극지방의 온난화로 서식지에 위협을 받습니다. 바다의 평균 기온이 올라가면 생물들은 가장 살기 좋은 물의 온도를 찾아 점점 북쪽으로 올라갑니다. 유빙으로 덮였던 그린란드 연안에는 최근 혹등고래와 긴수염고래가 자주 보인다고 해요. 추운 곳을 좋아하지만 공기로 숨을 쉬는 고래들은 얼음으로만 가득 찬 북극 바다에서는 살 수 없는데, 빙하가 녹아 구멍이 많아진 거죠. 온대 기후에 살아 원래 북극에서는 볼 수 없었던 범고래나 돌고래도 오기 시작했습니다.

반면에 북극에 살던 일각돌고래와 바다코끼리는 숫자가 줄고 있어요. 추운 극지방 기온에 적응하고 살았던 동물들은 더위를 견디지 못하는 체질이 대부분이죠. 이 동물들이 빙하가 녹는 범위가 넓어지는 극지방의 변화에 얼마나 적응할 수 있을지 알 수 없습니다.

해양 산성화는 극지방에 더 큰 충격입니다. 해수 온도가 차가우면 이산화탄소가 더 많이 흡수되니 차가운 심층수가 해수면으로 올라오는 극지방 해역은 탄소가 더 많이 녹아 산성화가 심각할 수 있습니다.

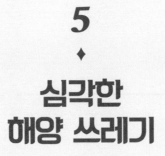

5
◆

심각한
해양 쓰레기

쓰레기가 고래 먹이?

2023년 1월 미국 하와이 카우아이섬 바닷가에 향유 고래 한 마리의 사체가 밀려 올라왔습니다. 몸길이 17미터, 몸무게 60톤에 달하는 거대한 이 고래가 왜 죽었는지를 밝히기 위해 과학자들은 부검을 실시했습니다. 고래의 배를 갈라 위장을 열어 본 과학자들은 경악했습니다. 물고기 등 일반적인 먹이 외에도 통발이 최소 여섯 개, 어망 최소 7종, 비닐봉지, 낚싯줄 등이 배 속에서 쏟아져 나왔기 때문입니다. 고래는 이런 쓰레기 때문에 영양을 제대로 섭취하지 못해 죽은 것으로 추정됐습니다.

세계 곳곳에서 비슷한 사례들이 잇따라 보고되고 있습니다. 2022년 11월 캐나다 노바스코샤주 해변에서 발견된 약 14미터에 달하는 향유고래 배 속에서는 무려 150킬로그램에 달하는 쓰레기가 나왔어요. 이 고래의 체중은 향유고래의 평균인 35~45톤보다 크게 적었대요. 전문가들은 배 속에 들어찬 쓰레기 때문에 고래가 굶주려 사망에 이르렀다는 결론을 내렸습니다.

2019년에는 이탈리아 사르데냐 북부 펠라고스 해양보호구역 해안에서 8미터 길이의 향유고래 한 마리가 숨진 채 발견됐습니다. 이 고래의 배 속에도 22킬로그램에 달하는 쓰레기가 들어 있었어요. 같은 해 영국 스코틀랜드 해변에 떠밀려 온 향유고래 사체를 부검한 결과 100킬로그램 이상의 폐그물과 밧줄 다발, 가방, 장갑, 포장 끈, 고무 튜브, 플라스틱 컵 등이 배 속에 공 모양으로 엉켜 있었어요.

2018년 이탈리아 나폴리 인근 이스키아섬에서도 배 속에 비닐봉지, 나일론 실 등을 담은 채 죽은 향유고래가 발견됐어요. 같은 해 인도네시아 와카토비 국립공원 안의 카포타섬 해변에서 발견한 몸길이 9.5미터에 달하는 향유고래 사체의 위장에서도 플라스틱 컵 100여 개를 비롯해 플라스틱 백, 나일론 가방, 어망 등 다양한 쓰레기가 쏟아져 나왔어요.

이빨고래 중 가장 큰 종인 향유고래는 세계자연보전연맹IUCN이 지정한 적색목록 '취약VU, Vulnerable'에 속하는 생물종입니다. 미국에서는 멸종위기종법Endangered Species Act에 따라 향유고래가 멸종 위기종으로 분류돼 있고요.

유엔환경계획UNEP에 따르면, 한 해 동안 향유고래 등 고래와 돌고래, 바다표범 등 포유동물 약 10만 마리가 해양 쓰레기 때문에 목숨을 잃는다고 합니다. 또한 바닷새 약 100만 마리가 해양 쓰레기 탓에 죽거나 고통에 처해 있다고 해요.

해양 쓰레기는 서식지를 파괴하기도 합니다. 쓰레기가 해안이나 얕은 바다 밑에 집중적으로 쌓여 생물의 서식지를 아예 덮어버리면, 바다 밑바닥이 썩고 더 이상 생물이 살 수 없게 됩니다. 이 때문에 어업 생산성이 떨어지게 되지요.

예를 들어, 어망에 어획물만이 아니라 쓰레기까지 걸려 올라오는 일이 자주 발생합니다. 일일이 골라내어야 하기 때문에 조업이 늦어지거나 어망이 망가져 다시 구입해야 하는 일도 생깁니다. 잡은 것을 가공할 때 작은 쓰레기 조각 하나라도 들어가지 않게 하려면 더 많은 작업이 필요

해양 쓰레기는 해양 동물의 생명을 위협하며 선박 사고의 위험이 크고 경제적인 피해도 크다.

합니다. 해양 폐기물 때문에 어획량 자체가 줄어들기도 합니다.

쓰레기 때문에 선박 사고의 위험성이 커지기도 합니다. 실제로 우리나라 해역에서 발생하는 선박 사고의 10~15퍼센트가 해양 쓰레기 때문이라고 해요. 바다에 버려진 밧줄, 어망이 선박의 추진기에 감기거나 비닐봉지가 냉각수 파이프에 빨려들어 가면 엔진에 부하가 걸려 운항을 할 수 없으므로 이를 제거해야만 합니다.

해양 쓰레기는 국가 간 갈등을 일으키기도 합니다. 바다로 들어간 쓰레기 중 가벼워서 잘 뜨는 쓰레기는 바람과 해류를 따라 국경을 넘어 이동하곤 합니다. 중국의 쓰레기가 우리나라로, 우리나라의 쓰레기는 일본의 북서해안으로, 일본의 쓰레기는 태평양의 제도, 호주, 아메리카 대륙으로 이동할 수 있습니다. 외국에서 떠밀려 온 쓰레기로 생기는 피해 지역의 민원이 국가 간 외교 현안으로 떠오르기도 합니다.

경제적인 피해도 큽니다. 쓰레기 때문에 우리나라 어업이 입는 피해액이 연간 3700억 원에 달한다고 합니다. 또한 일단 바다로 들어간 쓰레기를 수거하고 처리하려면 육지에서보다 몇 배의 돈이 들어갑니다. 잠수부를 고용하거나 중장비를 이용해 수거해야 하고, 처리에 앞서 쓰레기에 달라붙은 굴, 따개비 등을 제거하고 짠 바닷물도 씻어내야 하기 때문에 재활용이나 소각, 매립에 어려움이 많다고 해요.

해양 쓰레기는 육지 쓰레기가 하천과 강을 타고 바다로 흘러들어 간 것도 있고, 고기잡이에 썼던 도구나 배에서 버린 쓰레기도 있어요. 그중 가장 많은 쓰레기는 일회용 플라스틱 음식 포장과 플라스틱 병뚜껑과 음료수 병이라고 합니다. 해양 쓰레기의 70~80퍼센트가 플라스틱 쓰레기입니다.

그렇다면 과연 매년 바다에 버려지는 쓰레기의 양은 얼마나 될까요? 네덜란드 바헤닝언대학교 연구팀이 2023년 『네이처 커뮤니케이션스Nature Communications』에 발표한 논문에 따르면, 강을 통해 바다로 들어가는 플라스틱 쓰레기의 양은 연간 50만 톤에 이르는 것으로 추정됩니다. 연간 800만 톤으로 추정했던 기존 연구 결과에 비하면 상대적으로 적은 규모라고 할 수 있지만, 매년 4퍼센트씩 꾸준히 유입 양이 증가하고 있습니다. 이런 추세대로라면 20년 안에 바닷물 위에 떠 있는 플라스틱 쓰레기의 총량이 지금의 두 배에 이를 수 있다고 연구팀은 밝혔습니다.

또 전 세계의 강 유역 1만 곳 이상을 대상으로 조사해본 결과, 세계 인구의 약 80퍼센트가 고형 쓰레기를 제대로 처리하지 못해 대형 플라스틱 쓰레기가 바다로 흘러가는 강 유역에서 살고 있는 것으로 나타났어요. 바다로 가는 플라스틱 쓰레기의 약 80퍼센트가 아시아와 아프리카 강을 통해 들어간다고 합니다.

또 전 세계 바다에는 총 2500만 톤에 달하는 플라스틱이 있고, 이 중 320만 톤은 해수면 위를 떠다니고 있다고 해요. 전 세계의 바다에 존재하는 플라스틱 쓰레기 양이 총 1억 5000만 톤에 달한다는 주장도 있습니다.

우리나라는 어떨까요? 해양환경정보포털https://www.meis.go.kr에 따르면, 매년 우리나라 바다로 들어오는 해양 폐기물의 총량은 약 14만 5000톤으로 추정됩니다. 육지에서 유입되는 양이 65퍼센트, 바다에서 유입되는 양이 35퍼센트입니다. 육지에서는 홍수 때 하천을 따라 들어오는 양이 제일 많고, 바다에서는 수산업에서 발생한 폐어구가 제일 많이 들어온다고 해요.

특히 코로나19 기간 동안 일회용품 사용이 크게 늘면서 2022년에는 전체 해양 쓰레기의 약 92퍼센트가 플라스틱이었다고 합니다. 개수로는 84만 895개로, 2014년 3만 4030개(전체의 69퍼센트)에 비해 무려 24.7배나 급증했습니다.

한국 땅보다 16배 큰 쓰레기 섬

전 세계 바다 면적의 반을 차지하는 태평양 한가운데에는 어떤 지도에도 없는 거대한 섬이 있습니다. 이 섬을 우연히 발견한 사람은 미국인 찰스 무어예요. 캘리포니아주 롱비치에서 태어나고 자란 그는 어린 시절부터 열렬한 보트 애호가였던 아버지가 운전하는 배를 타고 먼 바다로 나가 시간을 보낸 적이 많았다고 합니다. 그 영향으로 무어는 바다와 사랑에 빠졌다고 해요.

무어는 자신이 그토록 아끼는 바다의 아름다움을 어떻게 하면 잘 지킬 수 있을까 고민했습니다. 그러다 1994년 남캘리포니아 지역 바다 환경을 보호하고 연구하기 위한 비영리 기구 '알갈리타 해양 연구 재단Algalita Marine

Research Foundation'을 설립했어요. 그는 같은 관심을 지닌 사람들과 협력해 활동 범위를 점점 더 넓히면서, 1995년에는 '알기타Alguita'란 이름의 탐사선을 띄워 태평양 곳곳을 항행하며 해양 환경을 연구하기도 했어요.

항해사와 해양 연구가로 왕성한 활동을 해오던 무어의 삶에 큰 변화가 찾아온 때는 1997년이었습니다. 하와이 호놀룰루 항구를 출발해 로스앤젤레스까지 항행하는 '태평양 횡단 요트 경기'에 참가한 것입니다. 호놀룰루를 출발한 알기타호는 서쪽에서 불어오는 무역풍을 타고 로스앤젤레스를 향해 멋지게 나아갔습니다. 문제는 항행을 시작한지 일주일 남짓 됐을 때 일어났습니다. 바람이 급격하게 잦아들면서 알기타호가 표준 항로를 벗어나 무풍지대에 들어서더니 급기야는 꼼짝하지 않았습니다.

나중에 알고 보니, 이처럼 이례적인 기상 상황은 북태평양 전체를 덮은 기록적인 엘니뇨 때문이었다고 합니다. 앞에서 엘니뇨는 무역풍이 약해져 남미 연안의 바다 밑에서 올라오던 차가운 물이 상승하지 못해 동태평양의 해수면 온도가 평년보다 높은 상태로 수개월 동안 지속되는 현상을 말한다고 했지요. 알기타호가 무풍지대에 갇혀 꼼짝

못 하게 되자 무어 선장 등 탑승객들은 비상사태를 맞았다는 사실을 깨달았습니다. 배에 실은 음식물은 충분했지만, 식수와 연료는 부족했기 때문이었죠.

그는 무려 3주 동안 무풍지대에서 빠져나가기 위해 고군분투했습니다. 그러던 어느 날 무어 선장의 눈에 바다 위에 둥둥 떠 있는 거대한 덩어리 같은 것이 보였습니다. 처음 봤을 때 '아무래도 플라스틱 쓰레기 같은데'란 생각이 들었지만 '설마' 했답니다. 그런데 낮이고 밤이고 하루에 몇 번을 내다봐도 물위로 떴다 잠겼다 하는 모습이 플라스틱 같았다고 해요. 가까이 다가가서 보니 페트병, 버려진 로프와 어망, 부서진 부표, 스티로폼, 플라스틱 칫솔 등 쓰레기 종류도 다양했습니다.

무어 선장은 2011년 펴낸 저서 『플라스틱 바다Plastic Ocean』에서 당시 상황을 다음과 같이 묘사했습니다.

"당시 우리가 마주친 것은 쓰레기 산이나 쓰레기 섬, 쓰레기 뗏목, 쓰레기 소용돌이는 아니었다. 이후 이곳은 '태평양 거대 쓰레기 지대The Great Pacific Garbage Patch'라고 불리게 되지만, 이는 사용하기에 무척 편리한 용어일 뿐 그곳 상황은 제대로 표현하는 것은 아니다. 그곳의 실체는 그때나 지금이나 묽은 플라스틱 수프라는 표현이 맞다. 여기저기 '만두(부표, 그물 뭉치 등 대형 잔해)'가 들어 있고, 그 위에 플라스틱 부스러기로 가볍게 양념을 친 수프 말이다. 나는 플라스틱 대륙을 발견한 현대판 콜럼버스가 아니다. 나는 태평양 북동부의 이 거대한 지역 전체에 흩어진 플라스틱 조각들이 둥둥 떠 있음을 (처음에는 믿을 수 없었지만 점점 더 큰 확신을 가지고) 발견한 사람이다."

이때의 경험은 무어 선장의 삶을 바꿔 놓았습니다. 그동안에는 바다를 사랑하는 항해가이자 해양 연구자였다면, 이제는 플라스틱 쓰레기와 맞서 싸우는 환경 운동가이자 투사로 변신한 것입니다. 그는 '플라스틱 공해 연구를 위한 무어 재단The Moore Institute for Plastic Pollution Research'도 설립해 관련 연구를 이끌고 있어요. 무어 선장에 앞서 1980년대에 몇몇 학자들이 북태평양 바다 한가운데 떠 있는 쓰레기 더미를 학계에 보고 한 적이 있기는 해요. 하지만 이 문제의 심각성을 대중적으로 널리 알리고 환경운동으로 연결한 사람은 바로 무어 선장입니다.

그렇다면 어떻게 해서 그토록 많은 쓰레기가 하와이와 캘리포니아 사이에 있는 북태평양 바다 위에 모여 거대한 섬을 이루었을까요? 원인은 해류 때문이에요. 해류란 바닷물이 일정한 방향으로 흐르는 현상을 말하는데, 염분과 온도 차이, 바람에 따라 바다의 움직임이 다르다고 합니다. 특히 다른 해류가 만나는 곳에서는 큰 소용돌이가 일어나죠.

무어 선장이 발견한 쓰레기 섬은 캘리포니아 한류와 북적도北赤道 난류가 만나 소용돌이치는 북태평양 환류 지역의 안쪽에 자리하고 있었어요. 남태평양 환류, 북대서양 환류, 남대서양 환류, 인도양 환류 지역에도 태평양 쓰레기 섬보다 크기는 조금 작지만 거대한 쓰레기 섬이 있다고 해요.

북태평양 쓰레기 섬은 1997년 무어 선장이 발견한 이후 섬의 면적이 점점 더 넓어져 160만 제곱킬로미터(2018년 기준)에 달합니다. 우리나라의 면적이 약 10만 제곱킬로미터이니 약 열여섯 배나 큽니다. 플라스틱 쓰레기의 총무게는 최대 약 13톤에 달하며, 1945년쯤부터 쓰레기가 모이기 시작해 10년마다 열 배씩 면적이 늘어났을 것으로 추정되고 있어요. 개중에는 50년이 넘은 플라스틱 쓰레기도 있다고 합니다.

이 많은 쓰레기는 대체 어디에서 흘러왔을까요? 2022년에 발표한 한 연구에 따르면 플라스틱 쓰레기의 약

75~86퍼센트가 중국, 일본, 한국, 대만, 미국에서 왔으며, 폐어망과 어구, 농업용 플라스틱 쓰레기라고 합니다. 또 5센티미터보다 큰 쓰레기 조각 6093개를 분석한 결과 90퍼센트 이상이 플라스틱 재질인 것으로 나타났습니다. 상표나 글자가 남아 있는 쓰레기 조각 200여 개를 조사해보니 중국어가 가장 많았고 일본어, 영어, 한국어 순이었다고 해요.

태평양뿐만 아니라 북대서양과 인도양, 남태평양, 남대서양 환류가 흐르는 곳에 쓰레기 섬이 네 개 이상 있습니다. 이들 섬의 쓰레기를 모두 치우려면 7만 8000년 이상이 걸린다고 합니다.

국제사회는 해양 쓰레기 문제를 해결하기 위해 지속적으로 노력을 기울이고 있습니다. 유엔환경총회UNEA는 2014년, 2016년, 2017년 플라스틱 쓰레기를 포함한 해양 쓰레기 문제에 대응하기 위한 결의안을 채택했고, 2017년부터 69개국이 참여하는 글로벌 캠페인 '클린 시Clean Sea'를 펼치고 있습니다.

새우 냄새로 유혹하는
플라스틱 쓰레기

호주 대륙에서 동쪽으로 약 600킬로미터 떨어진 바다 한가운데에 로드하우섬이 있습니다. 화산섬인 이곳은 수많은 바닷새가 둥지를 트는 곳으로 유명합니다. 특히 유네스코 세계유산으로 지정돼 섬에 들어가는 사람 숫자를 철저히 관리합니다. 그 덕분에 아름다운 자연이 잘 보존된 곳으로도 알려졌지요.

이곳에 사는 대표적인 바닷새 중의 하나가 바로 붉은발슴새입니다. 봄에 북상할 때 우리나라 동해 연안을 거쳐 가는 나그네새이기도 합니다.

지난 2019년 호주 태즈매니아대학교 연구팀이 로드

하우섬에 서식하는 붉은발슴새 쉰세 마리를 잡아 혈액 샘플을 채취했어요. 혈액 분석 결과는 놀라웠습니다. 붉은발슴새들이 플라스틱 쓰레기 조각들을 먹고 콜레스테롤, 요산 수치가 높아졌으며 췌장 등에서 분비되는 소화효소인 아밀라아제 수치 역시 증가한 것으로 나타난 것입니다.

반면에 혈중 칼슘 농도는 감소했습니다. 칼슘은 몸 안에서 여러 중요한 역할을 합니다. 칼슘 농도가 너무 낮으면 호흡 관련 근육이 발작적으로 수축하면서 질식을 유발해 사망할 수도 있습니다.

바닷새들은 왜 플라스틱 쓰레기를 먹을까요? 이유는 바로 냄새 때문입니다. 플라스틱에서 나오는 화학물질 디메틸설파이드DMS의 냄새가 바닷새의 주 먹이인 크릴새우와 비슷하다고 합니다. 그래서 새들이 플라스틱 쓰레기를 크릴새우로 착각해 먹는다는 것이죠.

크릴새우는 바닷새뿐만 아니라 바다거북 등 많은 해양 생물의 먹이기도 합니다. 2019년 미국 캘리포니아 남부 해안에 밀려 올라온 새끼 바다거북의 배를 갈라 조사해보니 내장 안에서 100개가 넘는 플라스틱 조각이 쏟아져 나왔어요.

크릴새우는 혹등고래, 긴수염고래, 밍크고래 등 수염고래의 먹이이다. 플라스틱에서 나오는 화학물질의 냄새가 크릴새우와 매우 비슷해 플라스틱을 먹고 죽는 고래가 늘고 있다.

　　이듬해 미국 노스캐롤라이나대학교 연구팀이 바다거북 열다섯 마리를 대상으로 플라스틱과 먹이 사이의 관계를 조사했습니다. 대대수 거북이가 바닷물에 담가둔 플라스틱 조각을 삼키려 했다고 합니다. 바닷새들처럼 바다거북도 플라스틱에서 크릴새우 같은 냄새가 나니까 진짜 먹이로 착각한 것입니다. 그러니 바다 위의 플라스틱 쓰레기 섬은 바닷새와 바다거북 등 많은 해양 생물에게는 너무나 유혹적인 냄새가 나는 '거대한 밥상'인 셈이죠.

'플라스틱증'이란 병명을 들어본 적이 있나요? 2023년 호주와 영국 연구팀이 학계에 처음 보고한 이 병의 정식 명칭은 '플라스티코시스Plasticosis'예요. 바닷새에게서 발견했는데, 플라스틱이 유발하는 섬유증을 가리키는 말이에요. 연구팀은 「플라스틱증 : 바닷새 조직에서 큰 플라스틱과 미세 플라스틱 관련 섬유화 특성 규명」이란 제목의 논문에서 로드 하우 섬의 붉은발슴새를 10년 넘게 조사한 결과를 발표했습니다.

연구팀에 따르면 새들은 바이러스나 박테리아가 아니라 미세 플라스틱 조각들 때문에 소화기관에 염증이 지속적으로 생겨 조직이 상처를 입고 변형되었다고 합니다. 그리고 이 때문에 성장과 소화, 생존에 악영향을 입었다고 지적했습니다. 특히 어미 새가 플라스틱 조각을 먹이로 착각해 먹고, 새끼들에게도 먹이로 줘 새끼들도 같은 병에 걸렸다고 합니다.

현재까지 플라스틱증이 발견된 사례는 붉은발슴새가 유일합니다. 하지만 전 세계적으로 플라스틱 쓰레기의 양이 엄청나다는 점을 감안하면 다른 야생 동물들도 이 병에 걸려 있을 가능성을 배제할 수 없습니다.

바닷속 미세 플라스틱 171조 개

인간들은 대체 언제부터 플라스틱을 사용했을까요? 플라스틱이란 말은 고대 그리스어 '플라스티코스Plastikos' 에서 유래했습니다. '모양을 바꾸기 쉽다'는 뜻이 있다고 합니다. 우리말로는 합성수지로 부르기도 합니다.

플라스틱 개발의 역사는 19세기 중반 미국의 발명가 존 웨슬리 하이엇John Wesley Hyatt, 1837~1920년에게서 시작됩니다. 당시에는 코끼리 상아로 당구공을 만들었는데, 당구가 큰 인기를 끌면서 상아 가격이 치솟았어요. 그러자 하이엇은 녹나무에서 추출한 고형분을 이용해 최초의 플라스틱이라고 할 수 있는 셀룰로이드를 발명했습니다. 비록 당구공 제조에는 쓰이지 못했지만 셀룰로이드는 상아와 거북 등딱

지 등으로 만들던 장신구, 단추 등에 널리 쓰였습니다.

19세기 말에는 조지 이스트먼George Eastman, 1854~1932년이 투명 셀룰로이드 필름 롤을 발명해 영화 산업의 발달에 크게 기여했어요. 오늘날의 플라스틱과 가장 가까운 형태는 1906년 미국 화학자 리오 베이클랜드Leo Baekeland, 1863~1944년가 페놀과 포름알데히드로 발명한 신소재 베이클라이트였습니다. 1946년에는 미국의 발명가이자 사업가인 얼 터퍼Earl Tupper, 1907~1983년가 음식을 보관할 수 있는 가정용 플라스틱 용기를 발명해 선풍적인 인기를 모았고요.

가볍고 내구성이 강한 플라스틱은 우리의 일상생활에서 필수 불가결한 존재가 된 지 오래입니다. 유엔환경계획에 따르면, 플라스틱은 전 세계에서 1950년 이후 2017년까지 이미 92억 톤이 생산된 상태인데, 매년 4억 3000만 톤씩 더 생산되고 있다고 합니다. 대부분은 일회용 제품들이죠. 재활용되지 않은 폐플라스틱은 거의 절반이 땅속에 묻는 방식으로 처리되고, 무단 투기하거나 소각하는 방식으로 처리되고 있어요.

우리나라는 쓰레기 분리수거에서 선진국이지만, 플라스틱 쓰레기 문제에서는 결코 자유롭지 못합니다. 환경부

바닷가에 떠밀려 온 쓰레기들. 일회용 컵 등 플라스틱 제품이 대부분이다.

가 발표한 자료에 따르면, 2021년부터 2022년까지 종량
제 봉투로 배출한 플라스틱 쓰레기의 양이 이전보다 75퍼
센트나 급증했다고 합니다. 아무래도 코로나 팬데믹으로
배달 음식을 많이 시켜 먹었고, 물티슈 등 일회용 제품 사
용이 크게 늘었기 때문입니다. 한 사람이 하루에 버리는 생
활 폐기물 중 일회용품은 37.32그램이며, 연간 발생량은
2022년 기준 70만 3327톤에 달한다고 합니다.

또 환경운동 단체 그린피스Greenpeace의 최근 조사에

따르면, 전 세계 1인당 일회용 플라스틱 컵 평균 사용량이 2017년 65개에서 2020년 102개로 무려 56.9퍼센트 증가했고, 생수 페트병은 96개에서 109개로 13.5퍼센트 증가했으며, 일회용 비닐봉지는 460개에서 533개로 15.9퍼센트 늘었다고 해요.

미세 플라스틱 문제도 심각합니다. 플라스틱 오염 감축 활동을 하는 비영리 단체 '5대 환류대 연구소5 Gyres Institute' 연구팀이 2023년 「증가하는 플라스틱 스모그」라는 제목의 논문을 발표했습니다. 논문에 따르면 전 세계 바다에 떠 있는 플라스틱 입자는 171조 개(2019년 기준)이며, 총무게는 230만 톤에 달한다고 합니다. 이는 1979~2019년 사이에 대서양, 태평양, 인도양, 지중해의 약 1만 1777개 표집 지점에서 수집된 플라스틱 입자 데이터를 분석한 결과입니다.

이 기간 중 해양 플라스틱 입자의 극적인 증가 추세가 나타난 것은 2006년부터로, 플라스틱 생산량의 기하급수적인 증가와 기존에 있던 오래된 플라스틱의 자연 분해로 더 많은 미세 플라스틱이 발생한 점 등이 원인으로 꼽힙니다. 논문 저자들은 실질적이고 광범위한 정책 변화가 없다면 플라스틱이 바다에 유입되는 비율은 2016년과 비교해 2040년에 약 2.6배 증가할 것이라고 경고했습니다.

그런가 하면, 해수면에 있는 플라스틱 쓰레기는 바닷속에 가라앉은 쓰레기에 비하면 빙산의 일각에 불과하다는 주장도 있어요. 2020년 호주 연구진은 호주 남부 해안에서 약 300킬로미터 떨어진 각기 다른 여섯 군데 해저에서 총 51개의 표본을 채취해 조사했습니다. 그 결과 침전물 1그램당 평균 1.26개의 미세 플라스틱 조각을 발견했다고 합니다. 연구진은 이를 근거로 전 세계 해양 바닥에 있는 미세 플라스틱이 1440만 톤에 달할 것으로 추산했습니다. 해수면 미세 플라스틱의 추정치보다 무려 30배나 많은 양입니다.

미세 플라스틱은 크게 두 가지로 나뉩니다. 첫째, 특정 산업용이나 가정용 제품을 위해 미세한 크기로 제조된 '1차 미세 플라스틱'입니다. 둘째, '2차 미세 플라스틱'으로 5밀리미터가 넘는 플라스틱이 물리적인 충격이나 마모 등으로 분해돼 5밀리미터 이하의 크기로 변한 것을 가리킵니다.

연구 결과들에 따르면, 지구상에서 미세 플라스틱을

피할 수 있는 곳은 현재 거의 없다고 해요. 생수 1리터당 미세 플라스틱 입자가 24만 개나 검출됐고, 생수병 뚜껑을 여닫는 과정에서도 미세 플라스틱이 발생한다고 합니다.

심지어 엄마 배 속에서 아이가 떠 있는 물인 양수에서도 미세 플라스틱이 검출됐다고 하지요. 이는 엄마 태반과 탯줄을 통해 미세 플라스틱이 태아에게도 전달된다는 것을 의미합니다. 우리가 일주일에 신용카드 한 장 정도의 플라스틱을 먹는다는 것은 이미 잘 알려진 사실이죠.

의학계에서는 상대적으로 입자가 큰 미세 플라스틱은 몸속에 들어오기 전에 걸러지거나 몸 밖으로 배출될 가능성이 있다고 말합니다. 하지만 나노 플라스틱은 DNA 크기 정도로 작기 때문에 우리 몸 어디든지 침투가 가능해 건강에 악영향을 끼치는 것으로 보고 있어요. 여성의 경우 혈관이 많은 자궁이나 난소 같은 생식 기관에 침투해 생식 기능을 약화시킬 수 있다고 해요. 미세 플라스틱이 몸속 장기에 붙으면 장기적으로 염증 반응을 일으킬 수 있고, 환경 호르몬 같은 독성 물질을 배출하기도 합니다.

플라스틱 국제 협약이
해결책이 될까?

지난 2023년 말 케냐 수도 나이로비에서는 플라스틱 쓰레기 규제 협약을 마련하기 위한 회의가 열렸습니다. 이는 한 해 전 170여 개 유엔 회원국이 제5차 유엔환경총회UNEA에 참여해 '플라스틱 규제 협약'을 체결하기로 결의한 데 따라 열린 회의였습니다. 이를 위해 유엔환경계획UNEP은 정부 간 협상위원회INC를 소집해 2024년까지 협약문을 완성할 방침입니다.

케냐 회의는 2024년까지 모두 다섯 차례 열기로 한 정부 간 협상위원회의 세 번째 회의입니다. 앞서 열렸던 두 차례 회의와 달리 케냐 회의는 협약문 초안을 처음 협상 테이블에 올려놓고 본격 조율에 들어가는 첫 회의라는 점에서 많은 관심을 받았습니다.

플라스틱 오염을 방지하기 위한 국제 협약으로는 화학물질을 다루는 스톡홀름 협약이나 폐기물 관련 바젤 협약 등이 있습니다. 플라스틱 협약은 한 발 더 나아가 플라스틱 전 생애 주기, 즉 생산부터 폐기까지 전 과정을 관리하며 제재를 가할 수 있는 강력한 국제적 약속이 될 것으로 기대되고 있습니다.

유엔환경계획 사무국은 30쪽 분량의 협약문 초안을 공개했습니다. 초안은 미세 플라스틱을 포함한 플라스틱 오염이 지구의 환경과 지속가능성에 부정적 영향을 끼치고 있어 세계가 함께 생산에서 폐기까지 전 주기적 접근 방식을 통해 해결해야 한다는 내용을 골자로 삼고 있어요.

하지만 아직 구체적인 내용을 정하려면 많은 협상 과정이 남아 있습니다. 예를 들어 협약의 목적에 대해 "플라스틱 오염을 종식하고, 인간의 건강과 환경을 보호하는 것"이라고만 명시하는 방안과, 플라스틱 오염으로부터 인간의 건강과 환경을 보호한다는 목적을 제시하며 그 방법론을 덧붙이는 방안이 있어요. 방법론 자리에 남겨둔 괄호 안에 들어갈 내용으로는 "플라스틱 오염을 종식함으로써", "플라스틱의 전 생애 주기에 대한 포괄적 접근에 바탕을 두고", "2040년까지 플라스틱 전 생애 주기에서 플라스틱 오염의 예방, 점진적 감축 및 제거를 통해서" 등이 선택지로 제시돼 있어요.

특히 국가별 모니터링과 보고를 위한 도구로, 기업의 공시 의무를 포함하는 내용을 논의 중이라고 합니다. 이는 플라스틱 산업이 여전히 투명성이나 규제가 거의 없는 상태로 운영되고 있다는 판단에 따른 것이에요. 의무적인 기업 공시를 통해 기업의 '플라스틱 발자국'에 대한 비교 가능하고 일관된 데이터가 필요하기 때문입니다.

'플라스틱 크레딧Plastic credit'을 도입하는 방안도 논의 중입니다. 이는 플라스틱 폐기물의 수거와 재활용에 경제적 가치를 부여해, 폐기물의 적절한 처리에 금전적인 동기 부여를 제공하는 것을 목표로 하는 시장 기반 메커니즘이라고 할 수 있습니다. 기업들이 자발적으로 탄소 상쇄, 탄소 제거 비용을 지불하는 탄소 시장이나 탄소 크레딧과 비슷한 개념인 것이죠.

다만, 법적 구속력이 있는 협약이 필요하다는 데에는

이견이 없지만, 그 협약 안에 어떤 내용을 담아야 하느냐는 각론으로 들어가면 각 나라 사이에 이견이 상당합니다. 정부 간 협상위원회 회의에서는 플라스틱 생산 자체를 줄여야 한다는 주장과 재활용을 포함한 폐기물 처리에 중점을 두자는 주장이 첨예하게 맞섰습니다.

환경 단체들은 사우디아라비아 등 플라스틱 원료를 공급하는 산유국들과 석유화학 업계들이 협약에 플라스틱 생산 감축을 포함하지 않도록 방해 공작을 편다고 비판하기도 했어요. 사우디아라비아는 협상에 앞서 제출한 자료에서 플라스틱 오염의 근본 원인이 '비효율적인 폐기물 관리'라고 밝히면서, '플라스틱 지속가능성을 위한 글로벌 연합Global Coalition for Plastics Sustainability'이란 기구를 출범시키기까지 했어요. 이 연합은 생산 통제보다는 폐기물에 초점을 맞추도록 조약을 추진한다고 합니다. 여기에는 사우디를 포함해 러시아, 이란, 쿠바, 중국, 바레인 등이 참여하고 있습니다.

반면에 유럽연합EU과 일본, 캐나다, 케냐를 포함한 수십 개 국가는 석유화학 제품에서 파생된 순수 플라스틱 폴리머의 생산과 사용을 줄이고, PVC 같은 문제 있는 플라스틱을 제거하거나 제한하기 위해 구속력 있는 강력한 조약을 요구하고 있어요. 특히 EU는 회원국들에서 나오는 플라스틱 쓰레기를 저개발 국가에 수출하는 행위를 2026년 중반부터 중단하기로 결정했습니다. 이 역시 플라스틱 협약의 합의를 압박하기 위한 결정으로 보입니다.

그런가 하면 그린피스 등 환경 단체들은 2040년까지 플라스틱 생산량을 2019년 기준 최소 75퍼센트 절감하는 강력하고 구체적인 감축 목표를 요구하고 있습니다. 플라스틱 쓰레기 수거와 폐플라스틱 재활용이 필요하기는 하지만, 원천적으로 줄여야 한다는 것입니다. 앞에서 언급한 플라스틱 크레딧 시행 방안에 대해서도, 근본적인 해결책이 못 될 뿐만 아니라 일종의 그린 워싱, 그러니까 친환경처럼 보이는 위장술일 뿐이란 반론이 만만치 않다고 해요.

최근 스웨덴 중심의 국제 연구팀이 13개국에서 수거한 재활용 플라스틱 펠릿 조각들의 성분을 분석했습니다. 이 조각들에서는 살충제와 의약품 성분 등 독성 화학물질 수백 가지가 검출됐습니다. 우리가 열심히 플라스틱을 분리수거하지만, 정작 대부분이 재활용하기 부적절하다는 사실이 드러난 겁니다. 그래서 플라스틱 제품 생산량을 원천적으로 감축해야 한다는 주장이 나오고 있습니다.

플라스틱 협약을 두고 미국은 처음에는 플라스틱을 통제하기 위한 국가 계획으로 구성된 조약을 지지했는데, 최근에는 입장이 다소 애매하게 바뀐 듯합니다. 미 국무부 대변인은 케냐 회의 전에 발표한 성명서에서 "이번 조약은 여전히 국가 계획을 기반으로 해야 하지만, 이러한 계획은 플라스틱 오염을 줄이기 위해 전 세계적으로 합의된 목표를 반영해야 하며 의미 있고 실현 가능하다"고 밝혔거든요. 다른 나라들이 어떻게 하는지 좀 보겠다는 게 아닌가 싶습니다.

플라스틱 협약 최종 협상안의 채택 여부는 2024년 11월 우리나라 부산에서 열리는 5차 정부간협상위원회 INC-5에서 결정될 예정입니다.

6

◆

그 많던 명태는
어디로 갔을까

동해 떠난 '국민 생선'

　명태는 우리나라에서 오래전부터 '국민 생선'으로 사랑받아온 생선입니다. 밥상뿐만 아니라 제를 지내고 예를 올리는 곳에 빠짐없이 등장했지요. 그래서인지 불리는 이름이 수십 개일 정도로 '이름 부자' 생선이기도 합니다. 사투리까지 합치면 수백여 개라고 합니다.

　어획 시기, 장소, 가공법, 건조 정도 등에 따라서도 이름이 천차만별이에요. 살아 있을 때는 명태, 얼리거나 말리지 않은 상태일 때는 생태, 얼리면 동태, 바싹 말리면 북어, 반쯤 말리면 코다리, 3개월 이상 찬바람과 눈을 맞으며 얼었다가 녹았다 하면서 마른 것은 황태, 황태를 말리다가 검게 변해버린 것은 먹태, 새끼 명태를 말린 것은 노가리라고 부르죠.

명태는 차가운 바닷물에서 사는 대표 어종으로 우리나라에서는 동해안에서 많이 잡혔어요. 정부 통계에 따르면 1970년대부터 1980년까지 해마다 최소 수만 톤의 명태가 잡혔고, 1981년에는 약 16만 5800톤의 명태가 잡혔다고 합니다. 하지만 1995년에 명태 어획량이 1만 톤 이하로 뚝 떨어지더니, 1999년에는 1329톤, 2001년에는 72톤으로 곤두박질쳤습니다. 급기야 2007년부터는 어획량이 공식 통계상 0으로 기록됐어요.

이후 어획량이 조금 늘어나기는 했지만 2019년 명태 포획 전면 금지 조치에 따라, 불법으로 명태를 잡았다가는 2년 이하의 징역형이나 벌금형에 처해질 수 있습니다. 현재 우리나라에서 팔리는 명태 대부분은 먼 러시아 바다에서 잡힌 것들이지요.

우리나라 동해 바다에서 펄떡이던 그 많은 명태는 모두 어디로 갔을까요? 왜 명태들이 사라져버린 것일까요?

첫 번째 원인은 기후 변화로 바닷물 온도가 상승해서입니다. 국립수산과학원이 2019년 펴낸『수산 분야 기후 변화 평가 백서』에 따르면, 지난 50년(1968~2018년) 동

알래스카 명태. '국민 생선'으로까지 불린 명태는 바닷물 온도가 상승하면서 우리나라 동해 주변 바다에서는 자취를 감추었다.

안 우리나라 해수면 온도가 1.23도 상승한 것으로 나타났습니다. 매년 0.024도 상승한 셈으로, 전 세계 평균 상승률 0.009도보다 높습니다. 특히 동해는 1.43도 상승했어요. 기후 변화의 주요 원인인 온실가스가 지금 추세대로 계속 배출되면 2100년 우리나라 주변 바다의 표층 수온이 4~5도 상승할 것이라는 전망도 있습니다.

수온 상승은 물고기 등 해양 생물에 어떤 영향을 미칠까요? 앞에서 명태는 차가운 물을 좋아하는 물고기라고 했지요. 우리나라 동해의 온도가 계속 오르면서 명태는 더 차가운 물을 찾아 북쪽 바다로 이동하고 있어요. 2022년 국내 한 연구진은 1980년대 후반 들어 명태 산란 지역의 해수면 온도가 약 2도 상승했고, 주요 산란지였던 원산만 인근까지 수온이 올라 산란지가 더 북쪽으로 이동하면서 동해안의 명태 어획량이 대폭 감소했다는 사실을 과학적으로 규명해냈답니다.

명태 외에도 도루묵, 임연수어 등 한류성 어종은 어획이 줄었습니다. 반면에 고등어, 삼치, 멸치와 같은 난류성 어종은 오히려 어획량이 늘었습니다. 제주도 앞바다에서는 주황빛에 푸른 광택을 내는 호박돔, 가시에 독이 있는 독가시치 등 아열대 어종이 매우 늘고 있다고 합니다.

무분별한 남획이 명태가 사라진 원인이란 주장도 있어요. 채 자라지 않은 어린 명태를 마구 잡는 바람에 명태 개체 수가 크게 줄었다는 것이지요. 이에 따라 정부는 2014년 명태 살리기 프로젝트를 시행하고, 2019년부터는 명태잡이를 전면 금지했답니다. 명태뿐만 아니라 갈치와 쥐치의 어획량도 우리나라 연근해에서 큰 폭으로 감소하고 있어요.

해양 생태계 파괴하는
남획과 불법 어업

미국의 저명한 해양 학자이자 해양 보호 운동가인 실비아 얼Sylvia Earle은 넷플릭스 다큐멘터리 〈시스피러시 Seaspiracy〉에 출연해 "지금처럼 물고기를 잡아대면 21세기 중반에는 어업이 사라질 것이다. 잡을 물고기가 얼마 남지 않을 것이기 때문"이라고 경고했어요. 그러면서 "물고기에게도 신경계가 있다. 물고기는 고통을 느끼지 못한다는 말은 (동물에게) 무슨 짓이든 해도 된다는 생각을 정당화하는 야만적인 소리"라고 비판했지요. 얼은 물고기를 포함해 어떤 동물도 먹지 않는다고 합니다.

전 세계적으로 먹기 위해 잡는 물고기의 양은 얼마나

될까요? 2022년 유엔 식량농업기구FAO가 발표한 「세계 어업, 양식업 동향」 보고서에 따르면, 전 세계의 한 해 수산물 생산량은 1억 7780만 톤(2020년 기준)에 달합니다. 수산물이란 바다는 물론 강과 저수지 등 물에서 나는 동식물을 모두 합쳐 부르는 말로, 생선과 조개류 등 어업 생산량은 전년보다 9220만 톤 줄어든 9030톤을 기록했어요. 바다에서 물고기를 잡는 해면어업은 2019년 대비 130만 톤 줄어든 7880만 톤이었습니다.

국가별로 해면어업 규모를 살펴보면, 중국이 1177만 톤에 달하는 물고기를 잡아 전 세계 어획량의 15퍼센트로 세계 1위를 차지했어요. 그 다음은 인도네시아 643만 톤(8퍼센트), 페루 561만 톤(7퍼센트), 러시아 479만 톤(6퍼센트), 미국 423만 톤(5퍼센트) 순입니다. 우리나라는 136만 톤으로 전 세계 생산량의 약 2퍼센트를 차지하는 것으로 나타났습니다.

생산된 수산물 중 식용으로 사용된 양은 전년 대비 70만 톤 줄어든 1억 5740만 톤입니다. 인구 1인당 수산물 평균 소비량은 전년 대비 0.3킬로그램 줄어든 20.2킬로그램을 기록했습니다.

세계에서 생선 등 수산물을 가장 많이 먹는 국가는 어디일까요? 바로 섬나라 아이슬란드입니다. 한 해 동안 국민 1인당 무려 91.19킬로그램의 수산물을 먹는다고 해요. 2위는 인도양의 섬나라 몰디브로, 1인당 84.58킬로그램을 먹습니다. 3위는 포르투갈로 57.19킬로그램, 4위는 한국 57.05킬로그램이에요. 수산물을 좋아하기로 유명한 일본이 5위로 46.06킬로그램이니까, 우리나라 국민이 일본 국민보다 수산물을 더 많이 먹었네요.

이처럼 수산물은 우리의 식탁에서 중요한 역할을 하지만, 문제는 해양생물 생태계의 다양성이 급격히 줄어들고 있다는 점입니다. 2020년 캐나다, 독일, 호주의 공동 연구팀이 1950~2014년 세계 232곳에 사는 해양 생물 483종의 변화를 조사한 결과, 거의 모든 곳에서 해양 생물 개체 수가 심각하게 줄어든 것으로 나타났습니다. 개체 수가 충분히 유지되는 해양 생물은 18퍼센트에 불과했어요.

이런 추세대로라면 2050년쯤에는 식용 해양 생물이 '붕괴' 상태를 맞을 가능성이 있습니다. '붕괴'란 한 종의 개체 수가 90퍼센트 이상 줄어 어획할 수 없는 상태를 뜻합니다.

이 같은 현상이 나타나게 된 핵심적인 원인으로는, 앞에서 명태의 사례에서 살펴보았듯 지구 온난화로 바닷물 온도가 상승한 것과 함께 물고기를 마구 잡아들이는 남획이 꼽힙니다. 그중에서도 저인망(트롤) 어업이 문제가 되고 있습니다.

저인망 어업이란 거대한 그물을 펼쳐 끌고 다니면서 바다 밑바닥에 있는 물고기까지 남김없이 잡아 올리는 방식을 말합니다. 이렇게 하면 원래 잡으려던 물고기뿐만 아니라 돌고래, 상어, 바다거북처럼 다른 해양 생물들이 그물에 걸려들 가능성이 높아요. 이를 '혼획'이라고 하지요.

자연 보호 단체인 세계자연기금WWF에 따르면, 매년 약 30만 마리의 고래와 돌고래, 바닷새 등이 혼획의 피해를 입었고, 1990~2008년 동안 150만 마리의 바다거북이 의도치 않게 잡혔다고 합니다. 의도치 않게 잡힌 해양 생물 중 팔릴 만하지 않은 것들은 대부분 바다에 버려진다고 합니다. 다행히 살아남아 바다로 돌아가는 것들도 있지만, 파충류인 바다거북이나 포유류인 돌고래는 정기적으로 수면으로 올라가 숨을 쉬어야 하는데 그물에 갇혀 있는 사이 숨을 못 쉬어 익사할 수도 있다고 해요.

저인망은 거대한 그물을 펼쳐 바다 밑바닥부터 남김없이 쓸어 담는다. 이 방식은 혼획 가능성도 높아 포획이 금지된 고래가 그물에 걸리는 경우가 적지 않다.

   '배타적 경제 수역Exclusive Economic Zone, EEZ'이란 용어가 있습니다. 1982년 제정된 '해양법에 관한 유엔 협약(약칭 국제해양법)'에 따라 각국의 해안선에서 370킬로미터(200해리)까지의 바다에 대한 주권과 책임을 갖는 것을 의미하지요. 우리나라도 1996년 국회 비준을 거쳐 84번째 회원국이 됐어요.

   이 협약의 회원국이 되면 EEZ 내에서 수산물은 물론

광물자원을 우선으로 개발해 이용할 권리를 갖는 동시에 해양 생태계를 잘 보호할 의무도 생깁니다. 한 나라의 주권이 미치는 영해(12해리)와 달리 영유권이 인정되지 않기 때문에 경제 활동의 목적만 없다면 다른 나라의 배들이 EEZ 내를 항행하는 것이 가능합니다.

EEZ 경계를 넘는 바다는 '공해'라고 부릅니다. 세계 바다의 60퍼센트 이상, 지구 표면의 무려 절반을 차지하고 있지요. 공해는 특정 국가가 관할하지 않으며, 모든 국가가 어업과 연구 활동을 할 수 있습니다. 그러다 보니 원양 어선들은 공해에서 가능한 많은 물고기를 잡으려 노력합니다. 원양어선들은 국제 지역 수산 기구가 설정한 어획 기준을 지켜야 함에도 '불법, 비보고, 비규제 어업Illegal, Unreported and Unregulated Fishing, IUU'이 근절되지 않고 있습니다.

불법 어업이란 국제법과 규정을 지키지 않는 어업을 말합니다. 지난 2022년 미국 보스턴에 위치한 열한 개 비영리 단체의 연합체 '재정투명성연합FTC'은 보고서를 통해, 전 세계 수산자원의 과도한 이용과 착취는 대부분 불법 어업이 초래했으며, 그 규모는 전 세계 어획량의 20퍼센트에 해당하는 최대 2600만 톤에 달한다고 밝혔습니다. 이를 비용으로 환산하면 약 230억 달러입니다.

특히 전 세계 불법 비보고, 비규제 어업에 연관된 상위 열 개 원양어업 기업이 전체 불법 어업의 4분의 1을 차지하고 있다고 폭로했어요. 1위 기업인 핑탄마린엔터프라이즈를 비롯해 불법 어업 상위 10개사 중 무려 8개사가 중국 회사라고 합니다.

중국은 3000~1만 7000척의 원양어선을 보유한 세계 최대 어업 국가입니다. 중국 어선들은 아프리카와 중남미 해안에서도 어획 활동을 하고 있는데, 국제사회가 정한 어업 규정들을 빈번히 어겨 많은 비판을 받고 있습니다. 결국 미국 정부는 2022년 중국의 핑탄마린엔터프라이즈와 다롄오션피싱이 세계 곳곳에서 해상 불법 조업과 선원 인권을 침해했다는 이유로 나스닥 주식시장에서 상장을 금지하는 것을 포함해 경제 제재를 가했습니다.

전 세계적으로 심각한 문제가 되는 중국의 불법 조업은 해양 인접국인 우리나라에 피해를 주고 있습니다. 2011~2021년 동안 우리나라 해경이 불법 조업한 중국의 선박을 나포한 건수가 약 2300건에 이르렀습니다. 2016년 10월에는 불법 조업을 단속하던 우리나라 해경 고속단

정을 중국 어선이 들이받아 침몰한 사건도 발생했습니다.

또 2020년에는 약 800척에 이르는 중국 저인망 어선단이 북한 해역에 나타나 동해 오징어 자원량의 70퍼센트 이상을 싹쓸이하고 사라진 적도 있습니다. 2024년 1월에는 제주 차귀도 인근 해역에서 무허가 중국 어선들이 갈치, 조기는 물론 어린 물고기까지 수천 킬로그램을 싹쓸이하다시피 잡아 올리다가 해경에 체포됐어요. 중국 어선들이 과거에는 우리 해역 경계선 인근에 살짝 들어와 불법 조업을 했다면, 최근에는 우리 해역 깊숙이 들어오는 식으로 수법이 갈수록 대범해지고 있다고 합니다.

비보고 어업이란 어업 활동과 어업의 결과물인 어획량을 규제 당국에 보고하지 않거나 허위로 보고하는 어업 행위를 말합니다. 규제 당국에 합법적으로 등록해 어업 활동을 하더라도 허용된 양보다 많이 잡고 이를 보고하지 않거나 실제 잡은 양을 줄여서 보고하면, 실제 어획량 산정에 어려움을 초래할 뿐만 아니라 지속가능한 어획량 관리에 차질을 빚게 되지요.

비규제 어업은 대부분 공해상에서 발생합니다. 영해나 EEZ에 비해 공해에서는 규제의 사각지대가 많습니다.

이 점을 악용해 국적을 속이거나 무국적 어선을 이용해 조업하는 행위, 자국이 가입한 협정에 해당하는 국가의 바다가 아닌 다른 지역에서 물고기를 잡는 것을 말합니다.

지속가능한 어업은 가능할까

　수산자원을 고갈시키지 않고 해양 생태계를 건강하게 유지하려면 '지속가능한 어업'을 해야 합니다. 물고기의 생태 주기 등을 조사한 결과를 토대로 적정한 수준의 어획량을 정해 실행하고, 너무 어린 물고기까지 잡지 않도록 규제하는 것입니다. 실제로 우리나라를 포함해 여러 나라가 물고기의 종류별로 일정 한도 내에서 잡을 수 있는 양을 정해 남획을 막으려 노력하고 있기는 합니다. 이를 '총허용 어획량' 제도라고 해요.

　일부 전문가들은 물고기를 아예 잡을 수 없는 지역을 지정하는 등 보다 적극적인 제도가 필요하다고 주장하기도 합니다. 우리나라는 '해양보호구역' 제도를 도입해 해양

점박이물범의 서식지인 서해안의 가로림만은 해양생물보호구역에 지정되었다.

생태계와 자연경관을 보호 관리하고 있기는 합니다. 하지만 어획 활동을 전면 금지하는 지역을 따로 두고 있지는 않아요.

참고로, 우리나라의 해양보호구역은 총 36곳(2023년 기준)이에요. 서해안 갯벌 등 습지보호구역 17곳, 울릉도 주변 해역 등 해양생태계보호구역 16곳, 점박이물범의 서식지인 서해안 가로림만 해역 등 해양생물보호구역 2곳, 그리고 충청남도 보령의 소황사구가 지정된 해양경관보호구역 1곳 등이랍니다.

물론 바다의 특정 지역에서 물고기를 잡지 못하게 하면 어부들이 생계를 잃고 지역 경제가 나빠지는 것이 아니냐는 우려도 있습니다. 하지만 금지 구역을 만들면 그 구역 안은 물론이고 주변 바다까지 개체 수가 늘어나는 '스필오버 효과Spillover Effect'가 있습니다. 실제 예를 들어볼까요.

미국 캘리포니아주 로스앤젤레스 연안 채널제도 주변 바다에는 혹등고래 등 다양한 해양 포유류들이 살고 있어요. 이곳 해역에는 어획이 완전히 금지되는 보호구역 11곳과 제한적으로만 어획이 허용되는 보존구역 2곳이 있습니다. 과학자들이 꾸준히 관찰한 결과, 과거 남획으로 개체 수가 급감했던 볼락 등 일부 어류와 가시랍스터의 개체 수가 대폭 증가하고 해양 생태계에서 매우 중요한 역할을 하는 다시마 숲의 면적이 크게 넓어졌어요. 덕분에 금지 구역 인근의 어획량이 이전보다 두 배 이상 늘었다고 해요. 또 호주 애쉬모어리프 해역은 2008년부터 어획이 전면 금지된 이후 사라졌던 상어들이 되돌아왔다고 합니다.

멕시코 서쪽 카보풀모 해역은 수십 년 동안 남획과 무분별한 관광 개발 등으로 어류 개체 수가 줄어들고 해양 생태계가 붕괴하고 말았죠. 그러자 주민들이 직접 나서서 정부를 상대로 해양보호구역으로 지정해달라는 로비를 벌였습니다. 결국 1995년 해당 구역의 35퍼센트를 어업 금지 구역으로 지정받는 데 성공했어요. 덕분에 어류 개체 수가 다섯 배 가까이 늘었다고 합니다. 지역 주민들은 비록 자발적으로 어업을 중단했지만, 아름답고 건강한 바다를 즐기기 위해 이곳을 찾는 사람들을 대상으로 한 '지속가능한 관광'업으로 경제적 수익을 올리고 있습니다.

이처럼 해양보호구역은 실제로 바다를 되살리는 효과를 올리고 있어요. 그러나 아쉽게도 공해상에서 해상보호구역은 전체 면적의 약 1.2퍼센트에 불과한 실정입니다. 글로벌 환경운동 단체 그린피스는 2023년 발표한 보고서에서 생태학적으로 중요한 수역에서 어업 활동이 850만 시간을 기록해, 2018년 대비 8.5퍼센트 증가했다고 지적했습니다. 특히 해양보호구역 지정이 시급한 공해상의 지역에서 어업 활동이 22.5퍼센트 증가했다고 합니다.

20년 난항 끝에 제정된
국제해양협약

2023년, 국제사회는 전 세계 바다를 좀 더 적극적으로 보호하기 위해 '유엔 해양생물다양성보전협약(BBNJ, 이하 '국제해양협약')'을 제정했습니다. 무려 20년 가까이 논의와 난항 끝에 이뤄낸 소중한 결과였지요. 특히 영해나 EEZ가 아닌 공해에서도 해양 생물의 다양성을 지킬 수 있는 법적 근거를 마련한 첫 다자 협약이란 점에서 국제해양협약은 큰 의미를 갖습니다.

협약의 핵심은 2030년까지 세계 바다의 최소 30퍼센트를 보호구역으로 지정하는 것입니다. 보호구역으로 지정된 곳에서는 선박의 항로나 어획량, 심해 광물 채굴 등 인간의 활동이 제한됩니다. 각국은 공해와 심해저에 해양보호구역 등을 설치해 생태계를 보존해야 하며, 기후 변화와 해양 산성화 추이 등을 모니터링하고, 해양 유전자원에 관한 정보를 다른 나라들과 공유해야 할 의무가 있어요.

이 협약은 유엔 회원국 중 최소 60개국이 비준을 해야 법적 효력이 있는데, 태평양의 섬나라 팔라우가 2024년 1월 세계 최초로 자국 의회에서 협약 비준 동의 절차를 완료했고, 그 뒤를 이어 2월에 칠레가 두 번째 협약 비준국이 됐어요. 협약에 동참하겠다고 서명을 한 국가가 90개국이 넘기 때문에 각국별로 의회 비준 절차가 마무리되는 대로 협약이 정식으로 발효될 예정입니다. 우리나라도 2023년 10월에 서명했고, 국회 비준 절차를 남겨두고 있습니다.

국제해양협약에 앞서 해양을 보호하기 위해 제정된 대표적인 협약으로는 1982년 유엔해양법협약을 꼽을 수 있습니다. 이 협약은 제2차 세계대전 이후 연안국들의 과도한 해양 관할권 주장과 해양자원 쟁탈전에 종지부를 찍고 국제 해양 질서의 확립과 안정에 기여했다는 평가를 받습니다. 영해, EEZ, 공해, 심해저 등의 개념과 제도가 이 협약을 통해 비로소 정립됐지요.

유엔해양법협약의 또 한 가지 업적은 1995년 국제해양법 법원 설립의 법적 근거를 제공했다는 점입니다. 독일 함부르크에 있는 이 법원은 대륙붕, 해양자원, 어업권, 해양 환경 보호, 선박 나포, 그리고 EEZ에 대한 소송과 재판을 담당하고 있습니다.

유엔해양법협약이 많은 성과를 거두기는 했지만, 시대가 변하면서 달라진 해양 환경에 맞춰 새로운 협약들이 필요하다는 목소리가 높아졌어요. 특히 강대국들의 심해저 자원 개발 경쟁, 해양 패권 경쟁이 갈수록 심해지고, 기후 변화로 해양 생태계 파괴가 갈수록 가속화됐기 때문입니다. 그래서 나온 것인 1994년 '유엔해양법협약 11장에 관한 이행 협정(약칭 '심해저협정')'과 1995년 제정된 '1982년 12월 10일 해양법에 관한 국제연합협약의 경계 왕래 어족 및 고도 회유성 어족 보존과 관리에 관한 조항의 이행을 위한 협정(약칭 '유엔공해어업협정')'이에요.

'심해저협정'은 심해저 광물자원 등에 대한 과도한 개발을 규제하고, 국제 해저 기구를 설립해 인류 공동의 재산인 심해저의 광물자원에 관한 탐사 규칙을 제정하며, 해저 광구 설정과 감시 감독하는 내용을 담고 있습니다. '유엔공해어업협정'은 공해에서 참치 등 해양 생물들이 과도한 조업과 불법 어업으로 감소하는 것을 막는 것을 목적으로 제정됐어요. 각 지역 수산 기구들을 통해 어획 쿼터(어획량 할당)를 부과하고 어선들의 조업을 감시 감독하는 등의 내용을 담고 있지요.

지역별로 다양한 수산 기구들이 있는데, 우리나라는 참치를 보전하기 위한 지역 수산 기구인 중서부태평양수산위원회, 인도양참치위원회, 남방참다랑어보존위원회 등에 가입했어요. 또 고래에 관한 연구와 보호를 위해 만들어진 국제포경위원회, 남극해양생물자원보존위원회 등에 가입해 활동하고 있습니다.

'착한 수산물' 인증마크의 허와 실

2023년 7월 전라남도 신안군에서 뜻깊은 행사가 열렸습니다. 유네스코 세계자연유산에 등재된 신안 갯벌의 지주식 김 양식장이 세계 최초로 친환경 수산물에 부여되는 MSC-ASC 인증서를 받은 것입니다. 지주식 김 양식이란 바다에 물이 빠지면 갯벌 바닥에 대나무 등을 이용해 기둥을 세운 다음 그물망을 끼워 김이 붙도록 하는 우리나라의 전통적 방법을 말해요.

MSC 인증은 영국의 해양관리협의회가, ASC 인증은 네덜란드의 양식관리협의회가 수산물의 지속가능한 생산 기준을 제정해 엄격한 심사 과정을 거쳐 인증하는 제도입니다. 지주식 김 양식장이 MSC와 ASC 인증을 동시에 받기는 우리나라의 신안 김 양식이 세계 최초라고 합니다. 인증을 취득하기가 어렵지만, 매년 재심사를 받아 인증을 유지하는 것 역시 매우 어려운 일이라고 해요.

MSC 인증마크는 의외로 우리의 일상에서 어렵지 않게 찾아볼 수 있습니다. 참치 캔이나 포장된 연어를 구매할 때 상표가 붙은 부분에 'MSC Certified Sustainable Seafood(지속가능한 해산물 인증)'이라고 적힌 것을 볼 수 있습니다.

MSC는 남획과 불법 어업 등 환경 파괴적인 어업의 문제를 해결하고 지속가능한 수산자원 관리를 위해 1997년 세계자연기금WWF과 영국에 본사를 둔 다국적 기업 유니레버가 공동으로 설립한 비영리 단체입니다. 어업 현장에서부터 소비자의 식탁에 오르기까지 전 과정이 친환경적이고 지속가능한 방법으로 진행됐는지를 평가해 인증을 주고 있다는 점이 가장 큰 특징이에요.

MSC가 펴낸 2021~2022년도 보고서에 따르면, 전 세계 62개국에서 4만 6277개 업체가 생산한 2만 447종의 제품이 MSC 인증마크를 달고 판매되고 있다고 합니다. 소비자 판매가로는 총 122억 8000만 달러어치에 달합니다.

MSC가 자연산 수산물에 대한 인증이라면, ASC는 양식 수산물에 부착되는 인증마크입니다. 양식장 주변에 미치는 환경적 영향을 최소화해 인근 바다의 생물 다양성을 보호하고 있는지 등을 까다롭게 평가한 뒤 여기에 합격해야만 인증마크를 받을 수 있어요. ASC는 2010년 WWF와 네덜란드 지속가능무역계획IDH이 설립한 비영리 단체입니다. ASC 인증마크를 받은 양식장은 전 세계에서 936곳이며, 인증 상품은 약 1만 7000개(2019년 5월 기준)가 판매되고 있다고 합니다.

이밖에 미국의 저명한 환경 운동가 데이비드 브로워 David Brower 1912~2000년가 설립한 비영리 단체 '지구섬 재단 Earth Island Institute'이 돌고래를 해치지 않고 잡은 참치에 부여하는 '돌고래 안전Dolphin Safe', 일본이 자체 개발한 '수산물 에코라벨MEL' 등 다양한 인증마크들이 운영되고 있습니다.

이처럼 다양한 수산물 인증마크에 대한 소비자들의 관심이 점점 더 커지는 추세입니다. 이런 움직임은 지속가능한 어업에 도움이 되는 것이 사실입니다. 하지만 한계도 분명히 있습니다. 일각에서는 민간이 부여하는 수산물 인증마크가 지나치게 남발되고 있으며, 해양 생태계를 지키기 위해서는 여전히 미흡하다는 주장을 제기하기도 합니다.

프랑스 출신의 해양 보호 운동가 클레르 누비앙Claire Nouvian은 어업 행태를 철저히 바꾸지 않는 한 해양 생태계의 파괴를 막을 수 없다고 말합니다. MSC와 같은 인증마크가 오히려 근본적인 물음과 과제를 외면하게 만들면서, '착한 소비'를 하고 있다는 만족감을 채우는 수단으로 변질되고 있다는 것입니다.

누비앙은 자연과 환경을 전문적으로 다루는 저널리스트이자 다큐멘터리 제작자로 활동하다가, 2005년 비정부기구 '블룸 어소시에이션Bloom Association'을 창설해 심해 저인망 어선과 심해 광물 채집 규제를 위한 활동을 본격적으로 펼치고 있습니다. 그는 2016년 유럽연합이 800미터 이하 심해에서의 저인망 어업을 규제하는 법을 도입하도록 막후에서 헌신적으로 노력했고, 이런 활동을 높이 평가받아 2018년 환경계의 노벨상으로 꼽히는 골드만 환경상을 수상했습니다.

누비앙은 같은 해 유럽의회에서 전기충격 낚시 금지 법안을 통과시키는 데에도 성공했어요. 현재 그는 세계무역기구와 각국 정부들을 상대로 해양을 파괴하는 어업에 보조금을 지급하는 관행을 중단하라고 압박하고 있습니다. 정부뿐만 아니라 대형 슈퍼마켓과 호텔 등을 향해서도 파괴적인 어업을 지속하는 수산물 회사의 제품을 보이콧하라고 꾸준히 요구하고 있습니다.

7

♦

고래를 보호하는
국제 규약들

7000년 전 고래잡이 기록한
반구대 암각화

울산광역시 장생포에는 고래문화특구가 있어요. 이곳에는 우리나라 유일의 고래박물관과 고래문화마을이 있답니다. 곳곳에 커다란 고래 조형물들이 설치돼 있어 눈길을 사로잡는 데다가, 시즌 동안에는 유람선을 타고 나가 동해 바다에서 뛰노는 고래들을 구경할 수도 있어요. 장생포 앞바다에는 참돌고래들이 서식하는데 운이 좋으면 떼 지어 헤엄치는 모습을 볼 수도 있다고 해요.

다만 아쉽게도 최근 들어서는 고래를 만나는 기회가 점점 줄어들고 있다고 합니다. 2018년에는 유람선 운행 123회 중 24회(19.5퍼센트) 발견했는데, 2019년에는 117

회 중 13회(11.1퍼센트), 2020년 53회 중 6회(11.3퍼센트), 2021년 75회 중 8회(10.6퍼센트), 2022년에는 161회 운항 중 고작 10회(6.2퍼센트)에 머물렀다고 해요. 고래를 만난다는 기대에 부풀어 모처럼 유람선을 탔던 사람들이 실망을 많이 했을 듯하네요.

울산은 예로부터 고래의 고장으로 유명했어요. 그 증거가 바로 반구대 암각화예요. 태화강 상류의 지류 하천인 대곡천 절벽에 새겨진 반구대 암각화는 1971년에 발견돼 국보로 지정됐을 정도로 역사적으로 아주 중요한 의미를 지니고 있답니다. 그림이 새겨진 시기는 약 7000년 전인 신석기 시대 후반이나 청동기 시대로 추정합니다.

그림에는 고래를 비롯해 상어, 물고기, 물개, 호랑이, 표범들이 매우 사실적으로 묘사돼 있어요. 당시 이 지역에서 살았던 사람들이 이런 동물들을 보고 바위에 새긴 것이지요. 이 중 단연 돋보이는 것은 고래 그림이에요. 높이 4미터, 너비 8미터의 바위에 약 300점의 그림이 새겨져 있는데, 고래가 50여 점이나 돼요. 새끼를 등에 업고 있는 귀신고래, 숨구멍으로 두 갈래 물을 뿜는 북방긴수염고래, 물 위로 뛰어오른 혹등고래들의 모습을 볼 수 있지요.

경주국립박물관에 있는 반구대 암각화 모형. 고래와 상어, 호랑이 등이 사실적으로 묘사돼 있다.

　반구대 암각화가 세계적으로 평가받고 있는 것은 고래잡이의 전 과정이 표현된 인류 역사상 가장 오래된 기록이라는 점 때문입니다. 고래 등에 커다란 작살이 꽂혀 있는 광경은 물론 배에 탄 사람들이 사냥한 고래를 끌고 가는 모습, 고래 배에 칼집을 내 사체를 해체하는 광경 등이 펼쳐져 있죠. 그만큼 이곳과 비교적 가까운 동해 바다에 고래가 많았고, 고래잡이가 많이 행해졌다는 사실을 이 그림을 통해 알 수 있지요.

다만 가까이에서 볼 수 없어서 맨눈으로는 어떤 그림인지 확인하기가 힘들어요. 그래도 인근에 있는 울산암각화박물관에 가면 암각화 모형과 선사 시대 사람들의 생활상 등을 자세히 살펴볼 수 있답니다.

암각화 이외에도 우리나라에서 오래전부터 고래잡이가 행해졌다는 사실을 나타내는 기록들이 있어요. 『삼국사기』에는 동해안 주민들이 고구려에 고래기름을 진상했다는 기록이 있어요. 769년 신라의 제29대 태종무열왕 때 강에 거대한 죽은 물고기가 나타나, 그 고기를 먹은 사람들이 죽었다는 기록도 있습니다. 아마도 부패한 고래 사체를 먹어 집단 식중독으로 사망한 것으로 추정됩니다.

경주에 있는 신라 왕족의 무덤 서봉총은 500년 무렵에 조성된 것으로 여겨집니다. 2016~2017년 국립중앙박물관이 이곳을 다시 면밀하게 조사한 결과, 고래 고기가 제사용으로 사용됐다는 사실이 처음으로 확인돼 관심을 많이 끌었어요. 무덤 속에 있던 큰 항아리 안의 뼈, 이빨 등 7700여 점을 분석한 결과 돌고래, 복어, 성게류 등이었다는 것입니다. 신라 왕족들이 이처럼 귀한 식재료들을 살아 있을 때 즐겨 먹었고, 제사상에도 올렸음을 보여주는 증거이죠.

그런가 하면 『고려사』에는 13세기 고려 원종 때 원나라 사람들이 경상도 지역에서 고래기름을 구했다는 내용이 실려 있습니다.

『조선왕조실록』에는 태종이 신하들에게 고래수염을 하사했다는 내용이 있고, 연산군이 고래를 잡아 진상하라는 명령을 내렸다는 내용도 있어요. 영조 때에는 포항 앞바다에서 고래 세 마리가 잡혔는데, 하급 관리들이 고래 일부분을 부당하게 차지하려다 붙잡혀 징계받은 적이 있었다고 합니다. 19세기 중반 헌종 때 기록에는 "이양선들이 연안 곳곳에 출몰해 고래를 식량으로 삼는 경우가 많아 그 수를 헤아릴 수 없다"는 대목이 있는 것을 보면 당시 한반도 연안에 고래가 상당히 많았던 듯합니다.

이양선이란 '이상한 모양의 배'란 뜻인데, 서양의 배를 가리킵니다. 울산 앞바다에서 이양선이 처음 목격된 시점은 헌종 14년 때인 1848년 봄이었어요. 그때는 어느 나라 배인지, 무엇 때문에 왔는지 알 수 없어서 모두 불안해했다고 합니다. 이 배는 고래를 잡으러 온 미국의 포경선 '찰스 모건호'였어요.

이 배는 어떻게 멀리 미국에서 울산 앞바다까지 오게

됐을까요? 미국에서는 17세기부터 동부 뉴잉글랜드 지방을 중심으로 연안 포경업이 시작돼 원양 포경업으로 발전했고, 1820년에는 태평양을 횡단해 일본 근해까지 진출했답니다. 이후 고래를 찾아 우리나라 동해로까지 오게 된 것이지요.

미국인들은 고래 고기를 먹지 않기 때문에 주로 고래기름과 고래수염 등을 얻고 나머지 사체는 버렸지요. 고래기름은 조명용 기름이나 식용유, 윤활유, 비누의 원료 등으로 다양하게 사용됐어요. 고래기름은 비싸지만 태울 때 냄새가 나지 않고 밝은 빛을 내서 고급 등불 기름으로 사랑을 받았다고 해요. 수염고래의 단단한 수염으로는 우산살이나 코르셋의 지지대를 만들기도 하고, 탄성을 이용해 태엽이나 스프링으로 사용하기도 했어요.

앞에서 언급했듯이, 고래의 배설물인 용연향은 지금도 매우 귀중하게 여겨지고 있답니다. 용연향은 향유고래가 섭취한 문어, 오징어류가 소화되지 못한 채 장 속에 쌓여 뭉쳐진 것입니다. 대부분은 고래 몸 밖으로 배출돼 바닷물 속에 떠다니다가 사람들에게 발견됩니다. 간혹 고래 사체 안에서 발견되기도 하지요. 원래는 별다른 향기가 없지만, 다른 향과 결합하면 향을 증가시켜주고 오래가게 만드는 역할을 하기 때문에 향수의 주요 원료로 사용된답니다.

2023년 7월 스페인 카나리아제도의 라팔마섬 해변에 향유고래 한 마리의 사체가 떠밀려 왔는데, 장 안에서 용연향 약 10킬로그램이 발견됐어요. 시가로 약 50만 유로가 넘는 양이었죠. 고래의 배설물이 우리 돈으로 수억 원이나 하다니 놀랍죠? 그래서 용연향은 '바다의 로또', '떠다니는 금'이라고 하나 봐요.

프랑스 포경선 이름 딴
'리앙쿠르 암초'

기록에 따르면 1848년 한 해에만 미국 포경선 50여 척이 동해에서 고래잡이를 했다고 합니다. 프랑스와 독일 포경선도 10여 척 있었다고 해요. 지금과 달리 당시에는 영해나 공해의 개념이 없어서 남의 나라 앞바다에서도 마구 어획 활동을 할 수 있었거든요.

우리나라 독도의 또 다른 이름이 '리앙쿠르 암초 Liancourt Rocks'라는 사실을 알고 있나요? 일부 국가들은 독도가 한국과 일본 간의 영토 분쟁지라면서 '중립적'인 이름으로 리앙쿠르 암초로 표시하고 있어요. 독도는 한국 땅이기 때문에 우리 입장에서는 부당하기 짝이 없는 일이죠. 일본은 독도에 대한 한국의 영유권을 인정하지 않으면서, 일본어 명칭인 다케시마로 불리지 못할 바에는 차라리 제3의 명칭인 리앙쿠르 암초를 지지하는 편이지요.

어쨌든 '리앙쿠르'라는 이름은 고래와 깊은 관련이 있답니다. 1849년 프랑스 포경선 리앙쿠르호가 동해를 지나다가 독도를 발견하고 국제사회에 보고했습니다. 그 뒤로 서양에서는 우리나라의 독도에 프랑스 배 이름 리앙쿠르를 붙여 부르게 됐지요. 하지만 그보다 한 해 전 미국 포경선 체로키호가 항해 일지에 "지도에 없는 섬(독도)을 발견했다"고 기록한 적도 있어요.

그런가 하면 독도에 발을 디딘 포경 선원도 있었습니다. 1853년 미국 포경선 '헨리 닐런드호'의 선원들은 독도에 상륙해 "물개(강치) 일곱 마리를 잡았다"고 항해 일지에 적었습니다. 1857년 또 다른 미국 포경선 '플라리더호' 선원들도 독도에 상륙해 호박 열일곱 개를 따서 가져갔다고 합니다. 1880년대부터는 일본 선박이 부산항에 드나들면서 고래를 잡기 시작했고, 블라디보스토크를 근거로 한 러시아 포경선들도 본격적으로 동해에서 고래를 잡았어요.

이처럼 우리나라 바다에는 고래 자원이 풍부했지만,

조선 시대에는 포경업이 사실상 존재하지 않았다고 합니다. 죽은 고래가 바닷가로 밀려 올라오면 고기나 수염, 기름 등을 채취해 사용한 적이 있기는 하지만, 본격적으로 포경을 하지 않았고 그렇게 할 만한 기술도 없었다고 해요. 19세기 중반 외국의 포경선들이 동해에서 많은 종류의 고래들이 뛰노는 광경을 보고 놀라워했던 것은 그만큼 고래를 잡지 않았다는 사실을 말해주기도 하지요.

조선이 포경에 관심을 보이기 시작한 때는 19세기 말쯤부터입니다. 1883년 고종은 이조참의였던 김옥균 1851~1894년을 동남제도개척사 겸 포경사로 임명했어요. 울릉도와 제주도를 개척하고 포경 산업 전반을 관할하는 것이 김옥균의 임무였죠.

김옥균은 일본 등 외국 포경선들이 우리 바다에 많이 출몰하자, 포경권을 이용해 외국의 투자를 받고 차관을 얻어 국가 재정에 활용하려는 계획을 세웠어요. 여러 번 일본을 찾아가 차관을 얻으려 노력했지만 결국엔 빈손으로 돌아올 수밖에 없었답니다.

김옥균은 이듬해 개화 정권을 수립하기 위해 일으킨 갑신정변이 '3일 치하'로 끝난 후 일본을 거쳐 중국으로 망명했다가, 1894년 중국 상하이에서 암살당했습니다. 이를 계기로 포경에 대한 조선의 관심이 사라졌고, 주도권은 일본에 넘어가게 됩니다.

일본은 1904년 러시아와의 전쟁에서 승리한 후 우리나라 바다에서 러시아 포경선들을 몰아내고 포경업을 장악했어요. 1907년경 일본 포경 회사들이 한반도 근해에서 무려 1600마리가 넘는 고래를 포획했다고 합니다. 1910년 경술국치 이후 포경업은 조선총독부의 허가 아래 일본 포경 회사들이 독점적인 지위를 누렸죠.

대표적인 회사가 동양포경주식회사입니다. '일본 근대 포경업의 아버지'로 불리는 오카 주로岡十郎, 1870~1923년가 1909년에 설립한 이 회사는 25척의 포경선으로 한반도 연안과 일본 연근해에서 포경업의 패권을 장악했어요. 한때는 일본과 우리나라에 50여 개의 포경 기지를 두기도 했는데, 그중 한 곳이 바로 울산 장생포였어요. 한때 번성했던 포경업은 태평양 전쟁이 발발해 포경선이 군수 물자 동원용으로 징발되고 선원들이 징용된 데다가, 대형 고래 개체수가 급감하면서 내리막길을 걷게 됐어요.

1945년 해방 후 우리나라에서는 일본인들이 남기고

간 소형 포경선들을 이용해 고래잡이를 했어요. 1962년 한 해에만 장생포 연안에서 밍크고래, 참고래 수백 마리를 잡았다고 해요. 고래 고기를 대량으로 일본에 수출하는 한편 국내에서도 고래 고기를 먹는 사람이 늘어나기도 했어요. 하지만 남획으로 어획량이 크게 줄어든 데다가 1978년 12월 우리나라가 국제포경위원회IWC에 가입하면서 포경업은 사실상 역사 속으로 사라졌습니다.

1986년 상업 포경 전면 중단

『모비딕Moby-Dick』은 미국 작가 허먼 멜빌Herman Melville 1819~1891년이 쓴 소설입니다. 1851년 처음 출판된 이 작품은 포경선 피쿼드호의 에이허브 선장이 거대한 향유고래를 쫓는 과정을 그리고 있어요. 1820년 태평양 한가운데에서 미국 포경선 에식스호가 향유고래에 받혀 침몰한 후, 선원들이 작은 구명보트를 타고 3개월이나 표류한 끝에 불과 여덟 명만이 살아남은 사건에 멜빌이 영감을 받아 쓴 작품으로 유명합니다.

제목 모비딕은 소설에 나오는 고래의 이름이죠. 이처럼 망망대해에서 벌어지는 인간과 고래의 싸움은 많은 사람에게 감명을 주었고, 지금도 명작 중 하나로 꼽히죠. 이 소설이 고래잡이에 대한 낭만과 동경을 불러일으켰던 것도 사실입니다.

하지만 현대화된 장비에 힘입어 전 세계 바다에서 고래가 급격히 사라지자 1930년대부터 미국과 유럽에서는 고래는 포획이 아니라 보호 대상이 되어야 한다는 인식이 형성되기 시작했어요. 국제적으로 포경을 규제하기 위한 움직임은 1925년 국제연맹이 과다한 포경 문제를 인정하고 규제의 필요성을 인정하면서 본격화됐어요. 1930년에는 포경 실태를 구체적으로 추적하기 위한 기구로 '국제포경통계국Bureau of International Whaling Statistics'이 설립됐지요.

이듬해인 1931년 드디어 '포경 규제를 위한 제네바 협약Geneva Convention for the Regulation of Whaling'이 체결됐습니다. 22개국이 협약에 서명했지만, 대표적인 포경국인 일본과 독일은 참여하지 않았어요. 1931년 한 해 동안에만 4만 3000마리의 고래가 목숨을 잃어서 협약의 한계가 여실히 드러났답니다.

문제점을 보완하기 위해 1937년 '국제포경규제협약 International Agreement for the Regulation of Whaling'이 만들어졌고, 1946년 미국 수도 워싱턴 D.C.에서 42개국이 함께 서명한 데 이어, 1948년 정식으로 발효됐답니다. 이 협약을 근거로 국제포경위원회International Whaling Commission, IWC가 설립됐고요. 영국 케임브리지에 본부를 둔 IWC는 전 세계에서 고래 남획을 금지하는 구체적인 정책을 세워서 실행에 옮기는 한편, 고래에 관한 과학적 연구를 재정적으로 지원하기도 합니다.

사실 IWC는 설립 초기에는 포경 금지와 거리가 멀었답니다. 회원국들도 미국, 영국, 덴마크 등 포경업을 활발하게 하던 국가들이었고요. IWC의 설립 목적을 보면 "고래 자원의 적절한 보호와 포경 산업의 질서 있는 발전"이었어요. 즉, 고래 개체 수를 적절하게 관리, 보호함으로써 포경업을 지속가능하게 발전시키려는 데 더 관심이 있었던 것이지요.

하지만 1960년대 들어 반전운동과 환경운동에 관심이 높아지면서 IWC의 분위기도 바뀌어, 1966년 혹등고래 등 일부 멸종 위기에 처한 고래 종에 대한 포획을 금지했어요. 1971년에는 회원국 중 하나인 미국이 상업적 포경 금지를 선언했고, 1972년에는 스웨덴 스톡홀름에서 개최된 유엔 인간환경회의가 고래 멸종 위기 문제를 제기해 모든 포경을 금지해야 한다고 촉구하고 나섰어요.

포경 금지 운동을 이야기할 때 빼놓을 수 없는 단체가 바로 그린피스입니다. 1970년대 중반, 이전에는 한 번도 보지 못했던 방식으로 포경 반대 캠페인을 벌여 전 세계의 관심을 모으는 데 성공한 것입니다. 1975년 그린피스 대원들이 고무보트를 타고 북태평양 한가운데에서 소련(현재 러시아) 포경선 앞을 가로막으며 포경을 방해했던 것은 유명한 사건이지요. 또 고래들이 잔인하게 살해당하는 광경을 영상과 사진으로 생생하게 담아 포경 실태에 대한 일반인들의 관심을 불러일으키는 데에도 크게 기여했습니다. 세계자연기금WWF도 포경 반대 운동을 꾸준히 이끌고 있어요.

그 결과 1982년 7월 23일 IWC는 고래 개체 수가 대폭 늘어날 때까지 상업 포경을 전면 중단하는 '포경 모라토리엄'을 선언했고, 1986년부터 모든 회원국이 상업 포경을 중단했어요. 다만 IWC는 토착민의 생계유지, 과학 연구 목적 등의 포경은 부분적으로 허용하고 있습니다. 앞서 1979년에 인도양 일부 지역을 상업 포경 금지구역으로 선포했던 IWC는 1994년 남극 대륙을 둘러싼 5000만 제곱킬로미터 규모의 바다에서 모든 종류의 포경을 전면 금지하는

1986년 그린피스가 노르웨이의 고래잡이에 반대하는 해상 시위를 하고 있다. 그린피스는 적극적이고 특별한 방식으로 포경 반대 캠페인을 꾸준히 했다.

'남해양 고래보호구역'을 선포하기도 했습니다.

　　IWC에는 88개국(2022년 기준)이 회원으로 가입해 있습니다. 우리나라는 처음에는 참관자 격의 옵저버로 참여했다가 1978년 정식 회원국이 됐어요. 창립국인 캐나다는 포경 금지에 반대해 1982년 IWC를 탈퇴했고, 그 뒤를 이이 필리핀, 이집트, 베네수엘라, 그리스 등도 탈퇴했어요. 2019년에는 일본이 탈퇴하고 상업 포경을 재개해 많은 논

2006년 아이슬란드 레이캬비크 항구에 정박한 포경선. 1982년 국제포경위원회가 상업적 포경 전면 중단을 선언했음에도 아이슬란드, 미국, 노르웨이, 러시아 등 일부 국가에서는 여전히 고래를 잡고 있다.

란을 불러일으키고 있습니다. 아이슬란드는 1992년 탈퇴했다가 2003년 재가입을 했고요.

　　IWC의 상업적 포경 금지 선언으로 과연 포경은 사라졌을까요? 안타깝게도 그렇지는 않습니다. 일본 등 비회원국가들이 국제사회의 비난에도 불구하고 포경을 계속하고있고 덴마크와 노르웨이, 아이슬란드, 러시아, 미국 등 일부 국가에서도 제한적이지만 여전히 고래를 잡고 있어요.

IWC는 토착민 생계유지형 포경과 과학적 연구를 위한 포경은 허용하고 있는데, 이를 근거로 포경이 일부 국가에서 계속되고 있는 겁니다.

IWC 통계에 따르면, 해마다 800~900마리의 고래가 상업적 포경에 희생되고 있습니다. 2020년에만 전 세계에서 1204마리의 고래가 잡혀 죽었는데, 이 중 810마리가 상업 포경으로 죽었습니다. 나머지 394마리는 토착민 생계유지형 포경과 과학적 연구를 위한 포경이라는 명목으로 희생됐습니다. 2021년에는 1284마리 중 881마리가 상업 포경으로 죽었고, 2022년에는 1364마리 중 999마리가 상업 포경으로 목숨을 잃었습니다.

이 밖에도 매년 30만 마리의 고래와 돌고래들이 혼획 때문에 죽는다고 해요. 기후 변화와 쓰레기 등 환경 오염으로 죽음을 맞는 고래도 많습니다. 한 통계에 따르면, 2012년부터 2021년까지 약 10년간 북태평양에서만 해양 열파 때문에 무려 7000마리가량의 고래가 죽었다고 합니다.

'혼획' 근절 없이 고래 보호 어려워

우리나라는 어떨까요? 포경이 금지된 지 40여 년이 지난 지금 한때 자취를 감췄던 고래들이 우리나라 연해에서 다시 발견되고 있습니다. 국립수산과학원에 따르면, 국제 멸종 위기종인 참고래 50여 마리와 향고래 100여 마리(2024년 1월 기준)가 동해에 분포하는 것으로 확인했다고 합니다.

참고래와 향고래는 과거 국내 해역에서 자주 발견됐지만 과도한 포경으로 1970년대 멸종 위기에 처했고, 이후 포경이 금지됐지만 발견하기 쉽지 않았습니다. 공식적으로 참고래와 향고래가 국내에서 잡힌 것은 각각 1980년과 1937년이에요. 그간 남서해 연안에서 확인되지 않았던 상꽹이도 충남 태안과 전남 진도 인근 연안에서 4500마리 정도 확인했다고 해요. 사라졌던 고래들이 우리나라 바다에 다시 돌아오고 있다니 정말 반가운 일이 아닐 수 없습니다.

그러나 한쪽에서는 여전히 고래들이 죽임을 당하고 있다는 것 역시 엄연한 사실이에요. 시민환경연구소와 시셰퍼드Sea Shepherd 코리아에 따르면, 2023년 1월부터 6월까지 국내에서 12종의 고래 415마리가 사망했다고 합니다. 상괭이가 188마리로 가장 많이 죽었고 참돌고래, 밍크고래, 낫돌고래가 그 뒤를 이었어요.

이 같은 숫자는 두 단체가 전국 해양경찰들에게 받은 관련 자료를 취합해 통계를 낸 결과예요. 일반적으로 폐사한 고래를 발견하면 해양경찰에 신고해야 하거든요. 한 해 동안 약 1000마리가 사망하는 것으로 추정됩니다.

우리나라 바다에서 고래가 사망한 가장 큰 원인으로는 혼획이 꼽힙니다. 2023년 상반기에만 총 211건으로, 다양한 종류의 그물에 다른 물고기들과 함께 걸렸다고 합니다. 사체의 절반 가까이는 고기로 팔렸다고 해요. 우리나라에서는 혼획된 고래에 한해서만 판매를 법적으로 허용하고 있습니다.

과연 매년 1000마리에 달하는 그 많은 고래가 전부 혼획으로 잡혔을까요? 혼획인지 포획인지 명확히 구분하기 어려워 합법과 불법 사이의 경계가 모호한 경우가 적지 않다고 합니다. 고래들이 자주 나타나는 지점에 어망을 펼쳐놓고 우연히 고래가 걸려들었다고 주장하거나, 산 채로 걸린 고래를 발견하고도 구조하지 않고 질식사할 때까지 일부러 기다렸다가 혼획으로 죽은 고래라고 주장하면 처벌할 방법이 사실상 없다고 해요.

2023년 8월 경북 포항에서는 불법으로 밍크고래 17마리를 잡아 유통한 일당 55명이 해경에 붙잡히는 일도 있었습니다. 이들은 불법으로 잡은 고래의 사체를 해체해 팔기 위해 주변 어선들이 보지 못하도록 갑판 위에 천막을 설치해놓고 범행했다고 해요. 같은 해 3월에도 포항 구룡포항 인근 해상에서 작살로 밍크고래를 포획하다가 잡힌 일당이 징역형을 선고받았습니다.

일부 지역에서 고래 축제가 열릴 때 유난히 혼획이 증가한다는 의혹도 제기된 적이 있어요. 그래서 환경운동 단체들은 정부에 고래 보호를 위해 관련 법들을 재정립하고, 강력하게 단속할 것을 촉구하고 있습니다.

2021년 유엔은 '지속가능한 발전을 위한 해양과학 10년'을 선포했어요. 2030년까지 전 세계가 힘을 모아 바다에 대한 이해를 넓히고 위기에 대응해 해양 과학에 기반한 실질적인 해결책을 모색하자는 것이 이 선언의 목표입니다. 구체적으로는 지속가능한 해양을 위해 유엔 회원국들과 비정부기구NGO 등이 해양 탐사 및 공동 연구를 하고 각종 프로젝트를 추진한다고 합니다. 유네스코에 따르면 이들 사업에 최소 10억 달러 이상이 소요될 것으로 예상됩니다.

안토니우 구테흐스 유엔 사무총장은 '해양 과학 10년'을 선포하는 자리에서 "2050년이 되면 바다에는 물고기 보다 플라스틱이 더 많이 존재할 것이며, 전 세계의 산호초가 21세기 말쯤 모두 죽어 멸종할 것"이라고 경고했습니다. 또 "바다를 보호하는 것이 인류의 식량과 생계를 위해서도 필수적이며, 기후 변화와 환경 파괴 관련 재난으로부터 인류를 구할 유일한 방법"이라고 호소했어요. 그래서 해양 과학의 획기적인 발전이 그 어느 때보다 시급하다는 것입니다.

앞서 유엔은 지난 2015년 전 세계가 2030년까지 우선 해결해야 할 목표들을 적시한 '지속가능한 발전 목표 Sustainable Development Goals'를 제정해 발표했습니다. 그중 하나가 '지속가능 발전을 위한 대양, 바다, 해양자원의 보전과 이용'이었어요. 그러니까 '지속가능한 해양 과학 10년'과 '유엔 해양생물다양성보전협약'은 유엔의 '지속가능한 발전 목표'의 테두리 안에서 이뤄진 것이라고 할 수 있어요. 이제 국제사회는 2030년까지 전 세계 30퍼센트 이상의 바다를 보호하자는 의미로 '30×30' 구호를 내걸고, 목표 달성을 향해 발걸음을 재촉하고 있답니다.

8
◆

일본은 왜
고래잡이를 고수하나

일본 바다 마을의 잔인한 돌고래 사냥

일본 제2의 도시 오사카에서 남쪽으로 약 230킬로미터 떨어진 바닷가에 다이지太地라는 이름의 어촌이 있습니다. 아름다운 자연 풍광을 가지고 있지만 인구가 2000여 명에 불과해 늘 조용하고 평소에는 관광객도 그리 많지 않은 곳이랍니다. 하지만 해마다 가을부터 이듬해 봄까지 다이지 마을은 전 세계에서 관심을 모으는 핫 플레이스로 변합니다. 바로 이 기간에 돌고래잡이가 벌어지기 때문입니다.

다이지의 '전통 돌고래잡이 방식'은 잔혹하기로 악명이 높습니다. 좁은 만으로 돌고래 떼를 유인해 얕은 물에서 발버둥 치는 돌고래들의 머리를 망치로 때리거나 칼이나 작살로 죽이는 것입니다. 수많은 돌고래가 비명 소리를 내

지르는 가운데 사방으로 피가 튀면서 바닷물은 금세 시뻘게집니다. 대부분은 도륙돼 고기로 팔려 나가지만, 상품 가치가 있는 어린 돌고래는 전 세계 수족관에 비싼 값으로 팔리기도 합니다.

다이지 앞바다에서 해마다 벌어지는 끔찍한 돌고래 사냥의 실태가 전 세계에 널리 알려진 데에는 2009년 개봉해 이듬해 아카데미상을 받은 미국 다큐멘터리 영화 〈더 코브The Cove〉의 공로가 컸습니다. 이 영화는 미국의 유명한 돌고래 조련사였다가 돌고래 보호 운동가로 변신한 릭 오배리가 일본 다이지에서 세계 최대 규모의 돌고래잡이가 공공연하게 벌어진다는 사실을 알고 잠입 취재하는 과정을 담았습니다.

영화를 본 관객들은 돌고래들이 피바다 속에서 몸부림치며 학살당하는 장면에 충격을 받았습니다. 그리고 고래 사냥을 허용하는 것을 두고 비난하는 목소리가 높아졌지요. 많은 환경 운동가가 다이지를 찾아 고래 사냥을 중단하라는 시위를 벌이기도 했어요.

그렇지만 일본 정부는 아랑곳하지 않았습니다. 오배리 등 환경 운동가들을 테러리스트 취급하며 입국을 금지

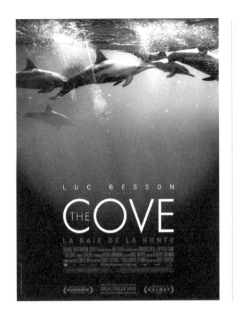

일본 다이지 앞바다에
서 벌어지는 끔찍한
돌고래 사냥의 실태를
고발한 다큐멘터리 영
화 〈더 코브〉의 포스
터.

해버리기도 했어요. 오배리는 2016년 일본을 입국하려다
공항에서 붙잡혀 19일 동안이나 구금됐다가 강제 추방당
하기까지 했지요.

　다이지 어부들은 국제사회의 비난 여론을 의식한 듯,
긴 쇠막대 끝의 칼날로 고래의 척수를 끊은 후 마개로 구멍
을 막는 새로운 사냥 방법을 고안해내기도 했습니다. 이렇
게 하면 고래 몸 밖으로 피가 흘러나오지 않아 시각적으로
덜 잔혹하게 보이는 효과가 있어요. 또한 고래 시신을 처리

하는 곳에 커다란 천막을 쳐서 외부 사람들의 시선이나 공중 카메라에 노출되지 않도록 하는 꼼수를 부리기도 했답니다.

다이지의 돌고래 사냥은 2007/2008년 시즌에 약 1500마리로 정점을 찍었다가 점차 줄어드는 추세입니다. 일본 정부는 해마다 다이지에서 잡을 수 있는 돌고래 마리 수를 지정해 발표합니다. 2022/2023년 시즌에 일본 정부가 허가한 숫자는 1849마리였으나, 실제로 잡은 돌고래 숫자는 564마리를 기록했어요. 2023/2024년 시즌에는 허가된 1824마리 중 415마리를 잡았고요.

이처럼 줄어드는 이유가 무엇인지는 정확하지 않습니다. 다만 한 가지 확실한 것은 국제사회와 일본 내의 부정적인 여론 때문은 아니라는 점이에요. 정부가 고래잡이를 합법적인 것으로 인정해주고 있으니까요. 전문가들은 엘니뇨로 다이지 앞바다에서 서식해온 돌고래 개체 수가 줄어들었을 가능성을 제기하고 있습니다. 목숨을 잃는 돌고래들이 줄어들고 있는 것은 다행스러운 일입니다. 하지만 아직도 다이지에서 수많은 돌고래가 죽어가고 있다는 사실을 잊어서는 안 됩니다.

돌고래 피로 물든 페로제도

대서양 북쪽 바다 한가운데에는 여러 개의 섬으로 이뤄진 페로제도Faeroe Islands가 있습니다. 9세기경 바이킹들이 살았던 이곳은 덴마크 자치령이에요. 자체적인 국기와 의회를 가지고 있고 덴마크어와는 다른 고유의 언어도 있어요. 덴마크는 유럽연합 회원국이지만, 페로제도는 회원국이 아니에요.

'절해고도絕海孤島'라는 말이 있어요. 육지에서 아주 멀리 떨어져 있는 외딴섬이란 뜻입니다. 드넓은 북대서양 위에 점점이 흩어져 있는 페로제도는 때 묻지 않은 자연의 아름다움을 간직한 곳으로 유명해요. 그래서 여행 전문가들이 여러 번 '가장 아름다운 섬' 1위로 꼽았을 정도예요.

다이지 마을처럼 페로제도에서도 매년 봄이면 대규모 고래잡이 '축제'가 벌어집니다. 페로제도에는 '그라인드 grind'라고 불리는 전통적인 고래 사냥 방식이 있어요. 배 여러 척이 돌고래 무리를 해안가로 몰아넣으면, 기다리고 있던 사냥꾼들이 얕은 바다로 뛰어들어 특수 제작된 칼로 돌고래의 척추를 자른 다음 밧줄로 묶어 끌어올리는 식으로 사냥을 진행해요.

700년 동안 이어진 페로제도의 이러한 전통은 돌고래 사냥을 통해 식량을 확보하고, 페로제도의 공동체 의식을 보여주기 위해서라고 합니다. 페로제도 주민이라면 누구나 고래 사냥에 직접 참가할 수 있어요. 그라인드에 참가하기 위해서는 돌고래가 고통을 덜 느끼도록 빠르게 죽이는 훈련을 받았다는 증명서를 소지해야 합니다. 하지만 실제로는 증명서가 없어도 사냥에 참가하는 사람이 적지 않다고 해요.

페로제도에서는 지난 40년 동안 한 해 평균 1000여 마리의 돌고래가 잡혀서 목숨을 잃었다고 합니다. 2021년에는 주민들이 한 번에 1400여 마리를 사냥하는 기록을 세워 논란이 되기도 했죠.

페로제도에서 매년 봄 벌어지는 전통 때문에 죽임을 당한 돌고래들.

＜image에 세로로 쓰인 저작권 표시＞

　　2023년 봄에는 마침 페로제도를 지나가던 유람선에 타고 있던 승객들이 직접 눈으로 돌고래 사냥 현장을 목격하고 큰 충격을 받았답니다. 그러자 유람선 운영사 측은 "마침 우리 배가 항구에 들어섰을 때 사냥이 벌어지는 바람에 승객들을 놀라게 한 데 대해 사과드린다. 우리는 고래 사냥을 반대한다"는 사과문을 발표했을 정도였어요.

　　이후 환경운동 단체들을 중심으로 유람선 운영사들에 "페로제도 여행 상품을 중단하라"는 캠페인이 벌어지기도 했습니다. 페로제도의 한 지역 방송은 "페로 사람이라는 사실이 부끄럽다"며 "너무나 끔찍한 학살이었다"고 안타까움을 표하기도 했고요. 그러나 현지 포경협회 측은 정부의 허가를 받아서 하는 일이니만큼 아무 문제가 없다는 입장입니다.

일본 다이지와 페로제도는 많은 비난에도 불구하고 왜 이처럼 잔인한 고래 사냥을 고수할까요? 대표적인 포경 국가인 일본은 2019년부터 영해와 EEZ 내에서 상업 포경을 허용하고 있습니다. 페로제도 앞바다에서 행해지는 전통적인 방식의 포경과는 차원이 다르지요.

앞 장에서 1948년 '국제포경규제협약'이 발효됐고, 1986년 국제포경위원회IWC가 모든 회원국의 상업 포경을 전면 중단했던 과정을 살펴봤습니다. 다만 IWC는 원주민의 생계유지, 과학 연구 목적 등의 포경은 부분적으로 허용했어요. '원주민 생계유지'로 포경이 허가된 곳으로는 미국 알래스카 에스키모, 그린란드 이누이트, 러시아 추코트카 에스키모, 카리브해 섬나라 세인트빈센트그레나딘 등이 있습니다. 모두 제한된 범위 안에서 고래를 잡는 것이 허용됩니다. 과학적 연구를 위한 고래잡이도 마찬가지이고요.

하지만 일본은 IWC 회원국이면서도 '원주민 생계유지'와 '과학적 연구'라는 허용 규정을 악용해서 고래잡이를 계속해 논란과 비난을 불러일으켰지요. IWC가 상업 포경 전면 금지를 선언하기 전까지 일본은 매년 남극에서 밍크 고래를 수백 마리나 잡았어요. 과학적 연구를 위해서 그 많은 밍크 고래를 잡을 필요가 과연 있었을까요? 일본 포경선들은 고래를 잡아 해체하면서 극히 일부분을 떼어내 '과학적 분석'을 위한 샘플로 보관하고, 나머지는 샘플을 채취하고 남은 부산물이라며 고기 등으로 팔았습니다.

그러자 2005년에는 남극 바다에서 일본 포경선과 환경운동 단체 그린피스의 감시 선박이 쫓고 쫓기는 추격전을 벌이며 한때 충돌 직전까지 가는 상황이 빚어지기도 했어요. 급기야 2018년 일본 정부는 "내년부터 상업적 고래잡이를 재개하기로 하고 IWC에서 탈퇴하기로 했다"고 전격 발표했습니다.

2019년 7월 1일 드디어 상업 포경이 재개된 날 일본은 축제 분위기였습니다. 이날 시모노세키시 항구에서는 3개월간의 고래잡이를 위해 출항하는 포경선들을 격려하는 대규모 행사가 열렸어요. 이 자리에 농림수산상이 참석해

"많은 국민이 고래 고기를 먹고 포경 산업이 영속되기를 바란다"고 격려했어요.

환경운동 단체 '고래와 돌고래 보호wdc'의 통계에 따르면, 일본은 상업 포경을 재개한 후 2019년에 256마리, 2020년 307마리, 2021년 383마리의 밍크고래, 참고래, 보리고래, 브라이드고래 등을 잡았다고 합니다. 2022년에는 밍크고래 22마리를 포함해 총 270마리를 잡은 것으로 나타났습니다.

일본인도 외면하는 고래 고기가
전통 식문화?

일본은 왜 고래잡이에 그토록 집착할까요? 일본이 내세우는 첫 번째 이유는 전통문화 보존입니다. 일본에서는 예로부터 고래를 잡아왔으며, 이것이 전통적인 생활양식과 식문화에 깊이 뿌리내려 있다는 것입니다. 일본이 오랜 포경 역사가 있고, 고래 고기를 귀하게 여기면서 즐겨 먹었던 것은 사실입니다. 1960년대까지만 해도 일본 국민의 고래 고기 소비량이 연간 총 23만 톤에 달할 정도였어요.

하지만 세월이 지나면서 일본인들의 입맛이 바뀌어 고래 고기 소비량은 뚝 떨어졌습니다. 일본 정부 자료에 따르면, 2021년 일본인의 고래 고기 소비량은 총 1000톤에 불과했어요. 이 정도면 일본 국민 중 고래 고기를 먹는 사람이 극히 일부분에 불과하다고 해도 될 수준이죠.

사정이 이렇다 보니 일본 포경 업체들은 정부의 지원으로 겨우 버티고 있습니다. 정부는 2020년에만 보조금을 무려 51억 엔이나 포경 업체들에 지급했을 정도입니다. 2021년에는 고래 고기를 더 많이 먹자면서 학교 급식에 고래 고기를 제공하는 소비촉진법을 제정하기까지 했어요.

그 일환으로 등장한 것이 바로 고래 고기 자판기입니다. 한 업체가 고래 고기를 시장이나 마트에서 사 먹고 싶어도 눈치가 보여서 못 먹는 소비자들을 위해 개발했답니다. 냉동 고래 고기를 비롯해 통조림 등을 판매하고 있다고 해요. 일본 국민조차 이처럼 고래 고기를 거의 먹지 않고 있는데도 일본 정부는 '전통 식문화'를 내세워 고래잡이를 계속하고 있는 것입니다.

일본인들이 고래 고기를 외면하는 이유는 무엇일까요? 우선 식재료가 다양해지면서 고래 고기에 대한 선호도가 과거에 비해 크게 낮아진 점을 들 수 있습니다. 정부의 상업 포경 허용에도 불구하고 해양 환경의 중요성에 대한 일반 시민들의 의식이 높아진 것이 영향을 미친 것으로 보

2008년 일본 도쿄 어시장의 고래 고기 가게. 일본 정부가 상업 포경을 허용함에도 지금은 일본인들의 고래 고기 소비량이 뚝 떨어졌다.

입니다.

또 한 가지 요인은 고래 고기의 안전성 문제입니다. 지난 2023년 호주의 고래 보호 단체 '액션 포 돌핀스Action for Dolphins'가 일본 내에서 판매되는 큰코돌고래 고기 두 팩을 구입해 성분을 분석했습니다. 그 결과 고래 고기에는 수은 함량이 39피피엠ppm, 메틸수은 함량이 1.58피피엠으로 정부 허용 기준치보다 최대 97.5배나 많은 것으로 나타났습니다. 특히 임산부가 수은이 다량으로 함유된 음식물을 섭취하면, 태아가 선천적 장애를 앓을 가능성이 높다고 합니다.

또한 고래 고기에는 암 등을 유발할 수 있는 다양한 중금속이 포함된 것으로 알려졌어요. 우리나라에서도 2018년 환경 보호 단체 '시셰퍼드 코리아'가 울산, 부산, 포항 지역에서 무작위로 고래 고기를 사서 분석해봤더니 일부에서 기준치를 넘는 중금속이 검출된 적이 있습니다. 고래의 몸속에 이처럼 많은 중금속 물질이 축적된 이유는 바다로 흘러들어 온 온갖 오염 물질들을 먹고 사는 해양 생물 중 고래가 먹이사슬의 마지막 단계에 있기 때문이에요.

일본만 상업적 고래잡이를 하는 것은 아닙니다. 아이슬란드와 노르웨이는 일본과 함께 세계 3대 포경 국가로 꼽힙니다. 아이슬란드는 1992년 IWC를 탈퇴했다가 2002년 재가입 했는데, 2006년 '전통문화'를 명분으로 포경을 재개하겠다고 선언해 많은 비판을 받았어요. 아이슬란드에는 상업 포경 회사가 한 곳뿐이고, 엄격한 쿼터를 시행하고 있으며 사냥 방법 등에 관한 규정에 따라 고래를 잡기 때문에 문제가 없다는 것이 정부의 주장입니다.

정작 아이슬란드 국민은 고래 고기를 거의 먹지 않아서 포획한 고래 전량을 일본에 수출한다고 합니다. 하지만 일본에서도 고래 고기 수요가 거의 없어 수출이 예전만 못하자, 아이슬란드 정부는 고래잡이 중단을 고려 중인 것으로 알려집니다.

노르웨이는 IWC 창단 멤버이자 현재도 회원국이지만 상업 포경을 계속하고 있습니다. 해안선이 긴 노르웨이는 국가 경제에서 중요한 비중을 차지하는 어업과 유전업에 대한 외부의 압력을 거부하고, 자주권을 지키기 위해 유럽연합에 가입하지 않고 있을 정도입니다.

노르웨이 정부는 멸종 위기종이 아닌 밍크고래만 쿼터 내에서 잡도록 허용하고 있습니다. 2020년에는 503마리, 2021년 575마리, 2022년 580마리를 잡은 것으로 알려졌습니다. 노르웨이 역시 잡은 고래 고기 수출이 부진해 어려움을 겪고 있는 포경 회사들에 보조금을 지급하고 있지요.

포경을 고수하는 국가들이 내세우는 두 번째 이유는 고래 개체 수의 회복입니다. 노르웨이는 2019년에 고래 개체 수가 회복됐다는 이유로 1200마리가 넘는 쿼터를 배정하기도 했지요. 일본의 입장도 마찬가지입니다. 일본 포경 협회는 1986년 상업 포경 중단으로 고래 수가 연간 4퍼센트씩 증가했으며, 특히 작은 고래 종들의 수가 급증하고 있어서 해양 생태계 균형을 위해 어느 정도의 포획을 허용해야 한다고 주장합니다.

일부 고래 종은 개체 수가 과거에 비해 증가한 것은 사실입니다. 하지만 대왕고래, 향유고래, 보리고래 등 대다수의 종은 여전히 멸종 위기에 있습니다. 따라서 고래는 보호가 필요하며, 상업 포경의 대상이 되어시는 안 됩니다.

9
◆

수족관에 갇힌
고래들

바다로 돌아가 엄마가 된 삼팔이

2023년 10월 제주시 애월읍 고내리 앞바다에서 남방큰돌고래 한 마리가 새끼로 추정되는 작은 돌고래와 함께 헤엄치는 모습이 포착됐습니다. 이 돌고래는 '삼팔이'란 이름을 가지고 있습니다. 2010년 제주 바다에서 그물에 걸려 불법 포획된 후 한 업체에 팔려 돌고래 쇼를 하며 지내던 중 갖게 된 이름이었어요.

2012년 좁은 수족관 속에 갇혀 지내던 삼팔이에게 큰 변화가 찾아왔습니다. 대법원이 해양경찰청에 공연 업체가 데리고 있던 삼팔이 등 남방큰돌고래 네 마리를 몰수하라는 판결을 내린 겁니다. 국내에서 돌고래 몰수 판결이 내려지기는 이때가 처음이었어요. 삼팔이와 춘삼이, 복순이, 태산이가 고향 제주 바다로 돌아갈 수 있게 된 것입니다.

몇 달 후 삼팔이와 춘삼이는 드디어 수족관을 벗어나 제주도 서귀포시 성산항의 해상 가두리장으로 옮겨졌어요. 가두리장이란 바다에 망을 펼쳐서 일종의 우리를 만들어 놓은 곳을 말해요. 삼팔이는 바다로 얼른 돌아가고 싶어서 마음이 정말 급했나 봅니다. 야생 적응 훈련을 마치고 최종적으로 풀려나기 한 달 전에 찢어진 그물 사이로 빠져나가 야생 돌고래 50여 마리 무리에 합류해버린 것입니다. 삼팔이는 다른 돌고래들과 함께 자유롭게 헤엄을 치고 먹이 활동을 해서 많은 사람이 안도의 한숨을 내쉬었답니다.

그로부터 3년이 지난 2016년 삼팔이는 다시 화제의 주인공이 됐습니다. 제주 바다로 돌아간 삼팔이가 새끼 돌고래 한 마리와 바짝 붙어서 헤엄치는 모습이 관측된 것입니다. 전형적인 '어미-새끼 유영 자세'인 점으로 볼 때 아기 돌고래는 삼팔이가 낳은 새끼임에 틀림없었어요. 돌고래 쇼를 하다가 야생 바다로 돌아간 돌고래가 자연 번식에 성공한 사실이 세계 최초로 확인된 것이지요.

그 뒤 삼팔이는 2019년에도 새로운 새끼 돌고래를 데리고 다녀서 둘째 출산을 세상에 알리더니, 2023년에는 드디어 셋째 돌고래와 함께 헤엄치는 모습이 목격됐어요. 자연으로 돌아간 남방큰돌고래가 야생에서 잘 적응해 새끼를 세 마리나 낳다니 정말 대단하지요?

삼팔이와 함께 야생 적응 훈련을 받던 춘삼이는 어떻게 됐을까요? 춘삼이도 2013년 7월 고향 바다로 돌아갔어요. 불법 포획당한 지 1487일만이었습니다. 서울대공원에서 공연하다가 제주 가두리장으로 옮겨졌던 제돌이도 붙잡힌 지 1540일 만에 함께 풀려났지요. 두 마리는 헤어지기가 아쉬운 듯 한동안 가두리 안에 머물다가 차례로 야생 바다로 헤엄쳐 나갔습니다. 이후 인근 해상에서 제돌이가 먹이 사냥을 하는 모습이 포착됐어요.

한동안 춘삼이와 제돌이의 행방을 알 수 없어서 혹시 적응하지 못하고 죽은 게 아닐까 하는 우려가 쏟아졌습니다. 하지만 야생 방류 만 7년 만인 2020년 7월 제주 대정읍 앞바다에서 등지느러미에 1번 표시를 단 제돌이와 2번 표시를 단 춘삼이가 다른 돌고래들과 어울려 건강하게 살아가고 있는 모습이 확인됐습니다. 춘삼이는 새끼도 낳았어요. 삼팔이, 춘삼이와 함께 있다가 야생 적응 훈련이 길어지는 바람에 뒤늦게 바다로 돌아간 복순이도 2018년에 새끼를 낳고 무리 없이 자연에 적응해 살고 있답니다.

　복순이는 수족관에 갇혀 있을 당시엔 우울증을 겪기까지 했다고 합니다.

태산이는 방류 7년 뒤 사체로 발견

　안타깝게도 방류된 돌고래 모두가 해피엔딩을 맞은 것은 아니에요. 2015년 제주 바다로 돌아간 남방큰돌고래 태산이가 7년 뒤인 2022년 제주도 성산읍 고성리 앞바다에서 죽은 채 발견됐어요. 이미 부패가 진행된 상태였지만 등지느러미를 보고 태산이 신원을 확인할 수 있었지요. 남방큰돌고래의 등지느러미는 마치 사람의 지문처럼 각각 다르다고 해요.

　태산이는 2009년 제주 바다에서 불법 포획된 후 공연 업체로 팔려갔습니다. 하지만 길들여지기를 거부해 돌고래 쇼를 하지 못하고 대부분을 시멘트 수조 안에서 격리 생활을 해야 했어요. 얼마나 답답했을까요. 당시 태산이의 추정

나이는 열네 살이었어요.

우여곡절 끝에 바다로 돌아가 7년 동안은 자유롭게 살았으니 그나마 다행이었다고 할 수도 있겠지요. 그러나 남방큰돌고래의 평균 수명이 40년인 것을 고려하면, 태산이는 스물일곱 살에 죽었으니 제 수명대로 못 살고 요절한 셈입니다. 포획 등 외부 흔적이 없는 점으로 볼 때 자연사한 것으로 추정되지만, 좁은 수조에서 6년 동안이나 지내느라 겪었던 많은 스트레스와 우울증의 영향으로 건강이 좋지 않았을 가능성을 완전히 배제할 수는 없겠지요.

17년간의 수족관 생활 끝에 2022년 풀려난 비봉이는 지금까지 생사가 확인되지 않고 있어요. 제주 연안 1~2킬로미터 내에 서식하며 먹이 활동을 하는 제주 남방큰돌고래의 특성상 비봉이가 1년 넘게 관찰되지 않는 것은 죽었을 확률이 높다는 의미라고 합니다. 비봉이는 삼팔이, 춘삼이, 태산이보다 어린 나이에 포획돼 긴 수족관 생활을 했기 때문에 야생에 잘 적응하지 못했을 수도 있어요. 부디 비봉이가 더 먼 바다로 헤엄쳐 나가서 사람들의 눈에 띄지 않는 것이면 좋겠습니다.

우리나라 수족관에 있는 돌고래는 열네 마리(2024년 5

수족관에 갇힌 채 쇼를 하는 돌고래들. 이들은 대체로 어릴 때 그물에 걸려 불법 포획된 후 수족관으로 팔려 왔다.

월 기준)이고, 벨루가(흰돌고래)는 다섯 마리입니다. 전시 목적으로 고래류를 새로 들여오는 것이 법으로 금지됐기 때문에 이 열아홉 마리가 국내 수족관에서 만날 수 있는 마지막 고래들이지요.

앞에서 살펴보았듯이, 우리나라는 1986년부터 고래잡이를 금지하고 있습니다. 그런데 어떻게 제주 앞바다에서 삼팔이, 제돌이 등이 잡힌 것일까요? 제돌이는 2009년 5월 육지에서 200여 미터 떨어진 바다에 설치된 정치망 안에 우연히 들어오게 됐어요. 정치망이란 물고기 떼가 지나가는 길목에 그물을 쳐놓고 그물 안에 물고기들이 들어오면 들어 올려 잡는 어업 방식을 말합니다.

제돌이는 정치망 안에 갇힌 물고기들을 신나게 잡아먹다가 어부들에게 잡혔어요. 고래를 잡는 것은 불법이기 때문에 당연히 바다로 돌려보내야 했지만 어부들은 그렇게 하지 않고 제돌이를 돌고래 쇼 업체에 팔아넘겼습니다. 그렇게 해서 제돌이는 제주도 공연장을 거쳐 서울대공원에 가서 하루 네 번 공연을 해야 했죠.

수족관은 어떻게 탄생했을까

　전 세계에는 200개가 넘는 대형 해양 아쿠아리움과 테마파크가 있는 것으로 추정됩니다. 한 조사에 따르면, 아쿠아리움 시장 규모는 2021년 약 63억 6610만 달러에서 2028년 86억 3630만 달러로 성장할 것으로 전망하고 있어요. 아쿠아리움이 많은 수익과 일자리 창출 등으로 지역의 경제 발전에 영향을 미치는 현상을 '아쿠아리움 경제 효과'라고 해요.

　전 세계에서 가장 큰 아쿠아리움은 어디일까요? 바로 아랍에미리트UAE에 있는 '씨월드 아부다비'입니다. 아쿠아리움의 크기는 담겨 있는 물의 총량으로 결정되는데, 씨월드 아부다비의 총 수량은 약 5만 8000톤입니다. 이는 중국

주하이시의 창룽오션킹덤이 가지고 있던 기존 세계 1위 기록 4만 8750톤을 넘어섰어요.

특히 엔드리스 오션 테마에 있는 수족관 탱크는 2만 5000톤 규모로 전 세계 아쿠아리움 가운데 단일 수조로는 최대 규모입니다. 상어와 가오리 등 1800여 종의 해양 생물은 물론 펭귄과 바다사자 등을 아주 가까운 거리에서 만나볼 수 있답니다. 단, 범고래나 벨루가는 없어요. 돌고래 쇼에 대한 부정적인 여론을 고려한 것으로 보입니다.

아쿠아리움의 역사는 19세기 중반으로 거슬러 올라갑니다. 1832년 프랑스의 여성 해양 생물학자 잔 빌프뢰파워Jeanne Villepreux-Power, 1794~1871년가 바다에서 건져 올린 생물들을 유리 상자에 넣어 관찰하기 시작했습니다. 그래서 빌프뢰파워는 '수족관의 어머니'라는 별명이 있습니다. 1794년 프랑스의 작은 마을 쥐약에서 태어난 그녀는 1818년 영국 상인 제임스 파워와 결혼해 시칠리아의 메시나에 정착해 살았습니다. 그녀는 그곳에서 바다의 아름다움에 푹 빠져 독학으로 해양 생물들을 연구했습니다.

특히 시칠리아에서 흔히 볼 수 있는 조개낙지의 생태를 관찰하기 위해 직접 유리 수족관을 고안해냈지요. 물론

해양 생물학자 잔 빌프뢰파워. 그녀는 바다 생물을 유리 상자에 넣어 관찰하기 시작해 '수족관의 어머니'로 불린다.

크기는 그리 크지 않았어요. 빌프뢰파워는 조개낙지가 다리에서 나오는 분비물을 이용해 머리에 붙어 있는 껍데기를 만들어낸다는 사실을 처음으로 유럽 학계에 보고해 큰 반향을 일으켰습니다. 그녀는 당시로서는 이례적으로 여성임에도 영국 런던동물학회 등 유럽 여러 국가의 과학 단체 회원으로 활동했습니다.

태양계의 두 번째 행성인 금성에는 빌프뢰파워라는

분화구가 있어요. 국제천문연맹IAU이 해양 과학의 발전에 기여한 빌프뢰파워를 기리기 위해 1997년 금성의 분화구 중 하나에 그녀의 이름을 붙인 것입니다. IAU는 영어로 '비너스'라는 이름을 가진 금성에 있는 900여 개의 분화구에 여성 선각자들의 이름을 붙이고 있어요. 1993년에는 분화구 두 곳을 황진이와 신사임당으로 명명한 바 있습니다.

빌프뢰파워가 발명한 수족관을 좀 더 현대적인 모습으로 발전시킨 이는 영국의 박물학자 필립 헨리 고시Philip Henry Gosse, 1810~1888년입니다. 그는 바다에서 채집해온 생물을 좀 더 오래 살아 있게 하기 위해서는 정기적으로 물을 갈아주는 것 말고도 물속의 산소를 적절히 유지해주는 게 중요하며, 수족관 안에 해초를 심어놓으면 산소를 얻을 수 있다는 사실을 알아냈습니다. 고시는 1853년 커다란 수족관 여러 개 안에 어류 200여 종과 수초들을 담아 대중에게 전시해 세계 최초의 공공 수족관이라는 기록을 세웠어요.

특히 그는 이듬해 펴낸 저서 『아쿠아리움』을 통해 자신의 연구 성과들을 발표했는데, 라틴어로 물을 뜻하는 '아쿠아'와 장소를 뜻하는 '리움'을 합친 이 말이 오늘날 대형 수족관을 뜻하는 단어로 대중화됐지요. 이후 1867년에 프랑스 파리, 1869년에 독일 베를린에 아쿠아리움이 잇달아 문을 여는 등 그 인기가 널리 확산됐습니다.

아쿠아리움은 전 세계에서 여전히 많은 사랑을 받고 있습니다. 하지만 단순히 해양 생물을 전시하는 차원을 넘어서 종 보존, 생태계 보호, 생물 다양성 교육과 연구를 위해 좀 더 적극적인 역할을 해야 한다는 목소리가 갈수록 높아지고 있습니다.

30년간 국내 수족관에서
돌고래 70여 마리 사망

우리나라에서 수족관에 돌고래가 처음 선보인 때는 1984년이었습니다. 당시 서울대공원이 일본에서 돌고래 네 마리를 사들여 와 국내 첫 돌고래 쇼를 선보였어요. 돌고래 쇼가 선풍적인 인기를 끌면서 전국 곳곳에 돌고래 수족관들이 들어섰죠.

국내에서 불법 포획된 돌고래를 비롯해 일본과 러시아 등에서 수입한 돌고래들이 한때 100마리가 넘었습니다. 일부는 다행히도 바다로 돌려보내졌지만, 지난 30여 년간 수족관 안에서 목숨을 잃은 돌고래가 70여 마리에 이릅니다. 그중에는 태어난 지 한 달도 채 되지 않아 죽은 돌고래들도 있습니다.

울산 고래생태체험관은 2009년 개관 이래 돌고래 여덟 마리가 폐사해 많은 비판을 받았고, 일본 다이지 마을 앞바다에서 잡힌 돌고래들을 수입한 것으로 드러나 논란을 일으켰습니다. 거제 씨월드에서는 2014년 개장 이후 10년간 돌고래 열네 마리가 죽었어요. 이곳의 돌고래들 역시 다이지 마을 앞바다에서 잡혀 국내로 수입됐다고 합니다. 우리나라는 2018년부터 다이지 돌고래처럼 잔혹한 방법으로 잡은 국제적 멸종 위기종의 수입과 반입을 법적으로 금지하고 있어요.

수족관에서 사는 돌고래가 일찍 죽는 원인은 아직 확실하게 규명되지 않고 있습니다. 직접적인 사인은 패혈증, 신부전증, 심장마비 등입니다. 하지만 좁은 수족관 안에서 강도 높은 훈련을 받으면서 스트레스가 쌓여 수명이 단축됐다는 주장도 있습니다. 바다에서 하루 100킬로미터 이상을 헤엄치는 돌고래를 사육하려면 최소 직경 20~30킬로미터의 공간이 필요합니다. 특히 거대한 몸집의 벨루가는 수천 킬로미터를 이동하면서 살기 때문에 애당초 수족관 안에서는 살 수 없습니다.

세계자연보전연맹IUCN이 멸종 위기 근접종으로 분류한 벨루가는 알래스카, 캐나다, 그린란드, 러시아 등 차가운 바닷물에서 사는 동물입니다. 고음의 휘파람 소리를 내는 특징이 있어서 '바다의 카나리아'라는 별명을 가지고 있죠. 고래 연구가들이나 해양 탐험가들은 종종 북극해에서 마주친 벨루가들과 노래로 소통한다고 합니다.

벨루가 머리에는 멜론이라는 기관이 있습니다. 지방이 가득 들어 있어서 말랑말랑한 이 기관은 주파수로 다른 고래들과 의사소통하는 역할을 합니다. 벨루가는 9세 어린이 정도의 지능을 가졌다고 해요. 그래서인지 일부에서는 러시아군이 벨루가를 훈련시켜 바다의 스파이로 이용한다고 주장하기도 합니다.

벨루가는 귀여운 외모와 발랄한 성격 때문에 세계 각지의 수족관 방문객들에게 특히 사랑을 많이 받습니다. 전 세계 수족관에 있는 고래는 벨루가 약 300마리를 포함해 약 3000마리에 달하는 것으로 추정됩니다. 포경이 금지돼 있는데 이 많은 벨루가는 대체 어디에서 왔을까요?

수족관 운영 업체들은 벨루가를 합법적으로 수입했다고 주장하지만, 대부분은 러시아 어부들에게 불법적으로

멸종 위기 근접종인 벨루가는 귀여운 외모로 수족관 방문객들의 사랑을 많이 받는다. 수족관에 갇힌 벨루가들은 대부분 불법 포획된 것으로 추정된다.

포획된 것으로 추정됩니다. 2018년 그린피스의 러시아 활동가들은 극동 러시아 지역인 나홋카 스레드냐야만에 있는 좁은 가두리장 안에 100여 마리의 벨루가와 범고래들이 갇혀 있다고 폭로해 국제사회에 큰 충격을 일으켰습니다. 활동가들은 러시아 업체 네 곳이 이 가두리장을 운영하며, 포획 규정을 위반해 고래들을 잔인하게 다루고 있다고 주장했습니다. 업자들은 오호츠크해에서 잡은 이 고래들을 중국 해양공원에 팔아넘길 계획이었다고 해요.

미국 영화배우이자 환경 운동가인 리어나도 디캐프리오 등 많은 유명 인사가 블라디미르 푸틴 러시아 대통령에게 직접 편지를 보내 갇혀 있는 벨루가와 범고래의 방류를 촉구하고 나서는 등 국제사회의 비판이 고조되었습니다. 결국 러시아 정부 당국은 가두리장을 없애고 구출해낸 고래들을 자동차와 보트 등을 이용해 야생 적응 훈련장으로 옮긴 다음 포획했던 오호츠크해로 돌려보냈답니다.

우리나라 수족관에 갇혀 있는 벨루가는 다섯 마리(2024년 3월 기준)입니다. 그중 한 마리가 롯데월드 아쿠아리움에 있는 벨루가 '벨라'입니다. 2012년 북극해에서 태어나 러시아 틴로연구소를 통해 2년 뒤 한국으로 들어왔다고 하는데, 정확하게 언제 어디서 잡혔는지는 확실하지 않습니다. 아마도 '과학적 연구 목적'으로 포획된 듯해요.

벨라는 원래 수족관에서 '벨로'와 '벨리'라는 이름을 가진 벨루가 친구들과 함께 살았어요. 그런데 2016년 벨로가 다섯 살에 죽고, 2019년에는 열두 살이었던 벨리마저 세상을 떠난 후 홀로 지냈답니다. 그러는 사이 국내 다른 수족관에 있던 벨루가 세 마리도 목숨을 잃었어요. 그러자 동물권 보호 단체들은 하루빨리 벨라를 바다로 돌려보내라고 연일 시위를 벌였고, 결국 업체 측도 벨라의 방류 계획을 발표했습니다.

하지만 벨라는 2024년 3월에 확인했을 때도 롯데월드 아쿠아리움에 갇혀 있어요. 코로나 팬데믹으로 벨라를 다른 곳으로 옮기는 일이 어려워졌고, 어린 시절 포획돼 야생에서 살았던 기억이 거의 없는 벨라를 무작정 원서식지로 보냈다가 적응하지 못하고 죽을 가능성도 있기 때문이라고 합니다. 해양 환경 보호 단체들은 하루속히 벨라를 바다로 돌려보내라고 요구하고 있습니다.

야생 적응 어려운
고래들을 위한 '쉼터'

2019년 11월 캐나다 노바스코샤주의 포트힐퍼드만 지역에서 뜻 깊은 행사가 열렸습니다. 비정부 기구인 '고래 보호구역 프로젝트The Whale Sanctuary Project, WSP'가 이 지역에 북미 최초의 고래 쉼터를 만들기 위해 사무소 문을 연 것입니다.

같은 해 캐나다 의회는 수족관이나 놀이공원 등에서 고래 관람이나 돌고래 쇼를 금지하는 '고래/돌고래 감금 종식 법안'을 통과시켰습니다. 이 법은 1993년에 개봉한 미국 영화 〈프리 윌리〉의 제목을 따와 '프리 윌리 법'으로 불기기도 합니다. 영화는 한 소년이 수족관에 갇혀 있던 윌

리란 이름의 범고래를 탈출시키는 과정을 감동적으로 그려 큰 반향을 일으켰죠.

WSP가 포트힐퍼드만 앞바다를 주목한 데는 이유가 있습니다. 이 지역 바다의 깊이, 해저 상태, 조수와 해류, 생태계 등이 고래들의 쉼터로 적당한 조건을 갖추고 있기 때문입니다. 사람들이 자주 찾는 인기 관광지가 아니어서 비교적 조용하다는 이점도 있지요.

수족관에서 살고 있는 고래 중에는 벨루가 '벨라'처럼 어린 나이에 포획됐거나 오랫동안 갇혀서만 생활해온 탓에 야생에 적응하기 힘든 경우가 많습니다. 원래 살던 바다로 돌려보내는 것이 옳지만, 무작정 풀어줬다가 죽은 고래들도 있어요. 그래서 수족관에서 풀려난 고래들이 편안하게 쉴 수 있는 보호구역, 즉 쉼터가 필요한 것입니다. 캐나다에 곧 조성될 고래 쉼터는 축구장 50개 크기가 될 것으로 예상합니다.

아이슬란드 헤이마이섬 앞바다에는 세계 최초의 벨루가 쉼터가 있습니다. 테니스 코트 17개 면적의 '헤이마이 보호구역'에는 '리틀 그레이'와 '리틀 화이트'라는 이름을 가진 벨루가들이 살고 있어요. 이 두 마리는 서너 살 때 러시아 오호츠크해에서 잡힌 후 중국 상하이의 수족관에 팔려가 10년간 쇼에 동원됐습니다. 2022년 이 벨루가들은 헤이마이 보호구역 내 실내 수조에서 적응 훈련을 마친 후 좀 더 넓은 바다로 나가 생활하고 있답니다. 벨라도 헤이마이 보호구역에서 살게 될 가능성이 큰데 그때가 언제일지는 아직 불확실합니다.

10

◆

고래 보호에
나선 사람들

"녹색이 곧 평화" 그린피스

2005년 일본의 니신마루호를 포함해 다섯 척의 포경 선단이 남극해에 들어서려는 순간 배 두 척이 다가왔습니다. 이 배의 이름은 '에스페란자Esperanza'와 '아틱 선라이즈 Artic Sunrise'입니다. 에스페란자는 스페인어로 '희망'이란 뜻이고, 아틱 선라이즈는 '남극의 일출'이란 의미입니다. 이 배들은 환경운동 단체 그린피스 소속으로 벌써 열흘 넘게 일본 포경선단의 뒤를 쫓아 남극해까지 따라왔습니다.

니신마루 포경선단은 폭풍우 속에서도 밍크고래 다섯 마리를 잡아 올리고 있던 참이었는데, 작살에 맞은 밍크고래들이 흘린 피로 주변 바닷물이 붉게 물들어 있었습니다. 에스페란자호와 아틱 선라이즈호는 니신마루호에 가깝게다가가 포경을 방해하려고 안간힘을 썼습니다.

니신마루호에 탄 선원들은 물대포를 쏘아대며 그린피스의 배들을 공격했습니다. 그 상황은 전쟁을 방불케 할 정도였죠. 이 와중에 그린피스의 소형 고무보트 한 척이 뒤집혔고, 일본의 소형 포경선 교마루 1호는 에스페란자호를 두 번이나 들이받았습니다. 에스페란자호는 하마터면 고래 잡는 작살을 맞을 뻔하기도 했지요.

일본 포경선과 그린피스 선박이 충돌한 것은 이번이 처음은 아니었습니다. 6년 전인 1999년에도 니신마루호와 아틱 선라이즈호가 바다 위에서 싸우던 중 충돌한 것입니다. 니신마루호는 충돌의 책임을 아틱 선라이즈호에 떠넘기려 했지만, 영국 재보험사인 로이즈가 니신마루호에 책임이 있다고 최종 판단을 내렸어요.

그린피스가 고래를 구하기 위해 포경선들과 맞짱을 뜨기 시작한 것은 1975년 7월부터입니다. 고무보트 등을 탄 그린피스 대원들은 북태평양에서 고래를 잡고 있던 소련 포경선들의 앞을 가로막는가 하면, 스피커를 이용해 "고래를 죽이지 말라"고 외쳤지요.

환경 운동가들이 바다 위에서 커다란 포경선들과 맞

서 싸우는 모습은 마치 구약성서 속의 거인 골리앗 앞에 선 다윗 같았죠. TV 방송과 사진을 통해 그 모습을 본 사람들은 고래를 잡는 행위에 대해 다시 한번 생각해보게 됐고, 그린피스는 일약 환경운동의 아이콘으로 떠오르게 됐습니다.

그린피스는 1971년 캐나다 밴쿠버에서 캐나다와 미국의 젊은 반전 운동가, 환경 운동가, 언론인 등 12명이 결성한 단체입니다. 초기에는 반전, 반핵운동에 집중했지만 포경 금지 등 다양한 분야에서 활동하고 있습니다. 이후 한국을 포함해 전 세계에 지부를 둔 국제적인 환경운동 단체로 성장했으며, 1만 5000명이 넘는 활동가가 활동 중입니다. 본부는 현재 네덜란드 암스테르담에 있어요.

1972년 남태평양에서 벌인 프랑스의 핵실험 반대 캠페인으로 사람들의 관심을 끄는 데 성공한 그린피스가 포경 금지 운동으로 활동 범위를 넓힌 데는 로버트 헌터Robert Hunter, 1941~2005년의 역할이 컸습니다. 캐나다인인 그는 신문과 방송에서 기자 생활을 하면서 환경문제에 관심을 갖게 돼 그린피스 창단 멤버가 됐어요.

1975년 헌터는 캘리포니아 연안에서 '조디악Zodiac' 이란 이름이 붙은 고속 고무보트를 몰며 소련 포경선들을 요리조리 방해하는 시위를 이끌어 세계적인 명성을 얻었지요. 이때 촬영한 필름은 1976년 국제포경위원회IWC 런던 회의에서 고래가 어떻게 참혹하게 죽어가는지를 보여줌으로써 세계인들의 공분을 자아냈습니다. 그린피스의 포경 반대 캠페인은 1982년 IWC의 상업 포경 금지를 이끌어내는 데 막대한 기여를 했다는 평가를 받고 있습니다.

그린피스는 한국과도 인연이 깊습니다. 1993년부터 한국의 원자력 문제에 대한 활동을 시작해, 환경운동연합과 함께 원자력발전소 건설과 핵폐기물 저장 반대 운동을 펼쳤습니다. 2005년에는 한국에서 열리는 IWC 회의 일정에 맞춰 '레인보우 워리어'호를 보내 포경 반대 운동을 벌이기도 했어요. 2015년 10월에는 레인보우 워리어 3호가 한국을 찾아 원전의 심각성을 일깨워주는 캠페인을 펼치기도 했죠.

그린피스의 세계적인 영향력은 탄탄한 조직과 기동성에서 나온다고 해도 과언이 아닙니다. 활동가들이 레인보우 워리어, 아틱 선라이즈, 위트니스 세 척의 감시선을 타고 세계 곳곳을 돌아다니면서 불법 포경 등 다양한 이슈에 바로바로 대응하기 때문이죠.

그린피스는 감시선을 타고 세계 곳곳을 돌아다니며 불법 포경 등에 바로바로 대응한다. 그린피스의 레인보우 워리어 3호는 2015년 한국을 찾아 원전 반대 캠페인을 펼치기도 했다.

    이 중에서도 레인보우 워리어호는 그린피스의 상징격인 배입니다. 레인보우 워리어호의 역사를 이야기할 때 빼놓을 수 없는 것이 바로 폭탄 테러 사건이에요. 1985년 7월 10일 밤, 뉴질랜드 오클랜드 항구에 정박해 있던 레인보우 워리어호에서 두 차례에 걸쳐 폭발 사건이 벌어진 것입니다.

    곧이어 배가 침몰했고, 배에 타고 있던 네덜란드 국적

의 사진작가 페르난도 페레이라가 물살에 휩쓸려 목숨을 잃고 말았습니다. 당시 레인보우 워리어호는 프랑스가 태평양 타히티섬 근처에 있는 무루로아 산호초에서 핵실험을 한다는 소식을 듣고 이를 저지하기 위해 오클랜드에서 무루호아 산호초로 가려고 준비하던 중이었어요.

무모해 보일 정도로 몸을 내던지며 시위를 벌이기는 해도 비폭력 원칙을 고수하는 그린피스 활동가들을 대상으로 이런 폭탄 테러를 벌인 자들은 과연 누구였을까요? 바로 프랑스 정부와 정보 기관인 대외안보총국이었습니다. 물론 처음에는 강력하게 부인했지요.

하지만 위조 여권을 지닌 프랑스 정보부 요원들이 체포되면서 진실이 드러났습니다. 폭탄을 배에 설치했던 범인들은 살인죄로 기소돼 10년형을 선고받았어요. 그러나 프랑스 정부가 뉴질랜드 농산물의 수입 중단을 위협한 끝에 이들은 복역한 지 몇 달도 채 되지 않아 풀려나서 고국으로 돌아갔습니다.

레인보우 워리어호는 비록 물속에 가라앉았지만 그 희생은 헛되지 않았습니다. 국가가 민간 단체를 상대로 폭탄 테러를 저질렀다는 사실에 경악한 사람들이 핵무기 실험 중단을 촉구하며 시위를 벌였습니다. 이에 힘입어 '남태평양 비핵지대 조약'이 제정됐고, 1996년에는 '포괄적 핵실험 금지조약CTBT'이 제정됐기 때문입니다.

폭발 사건이 일어난 지 4년 후 레인보우 워리어 2호는 환경 감시선 활동을 시작했습니다. 2004년 인도양에서 지진해일(쓰나미)이 발생했을 때는 현장에 급파돼 이재민 구호에 나섰고, 2011년 일본 후쿠시마 원전 사고가 일어났을 때는 방사성 물질 오염 정도를 측정하고 감시하는 활동을 했습니다. 레인보우 워리어 2호는 2011년 은퇴한 후 방글라데시의 한 구호 단체에 기증돼 소외 지역 주민들을 위한 병원선으로 활약을 이어가고 있어요.

레인보우 워리어 2호 은퇴 후 투입된 3호는 전 세계 서포터스의 기부금으로 만들어졌다는 점에서 특별한 의미를 갖습니다. 3호는 뛰어난 에너지 효율 등 친환경 기능을 갖추고 있는 것은 물론이고 위성 시스템 등 최첨단 장비와 헬리콥터 이착륙장까지 보유하고 있답니다.

원래 쇄빙선이었던 아틱 선라이즈호는 1995년 그린피스 선단에 합류해 북극해와 남극해 등 많은 곳을 다니며 해양 환경을 조사하는 역할을 수행하고 있습니다. 위트니

스호는 2021년부터 북극과 남극은 물론 아마존 등을 항해하며 연구와 조사 활동을 하고, 바다 곳곳에서 벌어지는 불법 어업 현장을 적발하는 활동을 펼치고 있습니다.

'고래 보호 해적' 시셰퍼드

검은색 천에 해골바가지가 그려진 깃발이라면 가장 먼저 어떤 생각이 떠오르나요? 당연히 해적이지요. 영화 〈캐리비안의 해적〉에서 주인공 잭 스패로 선장이 탄 해적선에도 해골과 뼈다귀 두 개가 그려진 검은색 깃발이 휘날렸죠.

그런데 지금 이야기하려는 해적 깃발은 조금 다릅니다. 깃발 중앙에 해골이 있기는 한데, 이마에 돌고래 한 마리와 고래 한 마리가 새겨져 있어요. 그 아래에는 뼈다귀 대신 바다의 신 넵튠이 늘 손에 들고 다니는 삼지창과 양치기용 지팡이가 겹쳐 있고요.

이 깃발의 검은색 바탕은 멸종, 생명의 끝, 바다의 죽음을 의미해요. 해골은 바다 생태계의 파괴와 멸종의 원인인 인류를 상징하고, 해골 이마의 돌고래와 고래는 바다뿐만 아니라 지구상의 모든 생명의 균형과 조화를 회복시키는 음과 양을 뜻합니다. 양치기의 지팡이는 보호를, 삼지창은 공격성을 상징하죠.

이 독특한 깃발을 내걸고 '바다의 양치기', '바다의 지킴이'를 자처하며 활동하는 단체가 바로 '시셰퍼드Sea Shepherd 보존협회'입니다. 시셰퍼드는 1977년에 탄생해 전 세계 20여 곳에 공식 지부를 두고 있으며, 비공식적으로 활동하는 조직도 40여 곳에 달합니다. 본부는 미국 워싱턴주 산후안의 프라이데이 하버에 있습니다.

시셰퍼드의 모토는 깃발에 있는 지팡이와 삼지창에서 알 수 있듯이 '공격적 비폭력성'이에요. 모순되는 말이긴 하지만, 직접적이고 공격적으로 바다를 지키되 사람의 목숨을 해치는 행동을 하지 않겠다는 뜻인 듯합니다.

창립자는 폴 왓슨Paul Watson으로, 캐나다 토론토 출신의 환경 운동가인 그의 활동 이력은 좀 독특합니다. 어렸을 때부터 환경과 동물에 관심이 많았던 왓슨은 해양경비대 대원, 상선 선원 등을 거쳐 핵실험 반대 운동을 하다가 그린피스에 들어갔습니다. 이후 그린피스 감시선의 선장으로

© Yacga

시셰퍼드의 깃발. 시셰퍼드를 창립한 폴 왓슨은 포경선을 들이받아 침몰시키거나 고래 고기 가공 공장 일부를 파괴하는 등 직접적이고 공격적인 방법으로 불법 포획과 남획에 맞서고 있다.

활동하며 두각을 나타냈지요.

하지만 왓슨이 추구하는 활동 방향과 방법은 그린피스의 노선과 차이가 많았습니다. 기존 방식으로는 일본 등 각국의 상업적 불법적 포경과 남획을 막는 데 한계가 있기 때문에 보다 직접적이고 공격적인 방법을 사용할 수밖에 없다는 것이 왓슨의 생각이었지요. 과격한 성향 때문에 그린피스 지도부와 충돌을 겪었던 그는 결국 그린피스를 탈퇴해 시셰퍼드를 창립했습니다.

1980년 왓슨은 100톤의 시멘트를 미리 부어놓은 선박으로 불법 포경선 시에라호를 들이받아 침몰시켰는가 하면, 1986년 아이슬란드 레이캬비크 항구에 정박 중인 포경선 두 척을 침몰시키고 고래 고기 가공 공장의 일부를 파괴했습니다. 1992년에는 노르웨이의 소규모 어업 활동을 공격하고, 포경선을 침몰시키려 했다가 체포돼 징역형을 선고받기도 했어요.

2010년에는 일본 포경선 쇼난마루 2호와 고의적으로 충돌해 심각한 피해를 입혔지요. 이 사건으로 그는 한때 인터폴 적색 수배 명단에 오르기도 했습니다. 그래서 일본은 왓슨과 시셰퍼드 활동가들을 '테러리스트'라고 부릅니다. 심지어 그린피스조차 왓슨을 '폭력적인 극단주의자'로 비판하지요.

하지만 '전투적 환경 전사' 왓슨과 시셰퍼드 활동가들은 논란과 비판에 개의치 않고 고래와 바다 생태계를 지키기 위한 투쟁을 계속하고 있습니다. 시셰퍼드는 오션 워리어호 등 감시선 10여 척과 소형 보트들을 보유하고 있는데, 이는 민간 해양 환경 보호 단체 중에서는 최대 규모를 자랑합니다.

왓슨은 시셰퍼드를 떠나 2022년 '폴 왓슨 선장 재단'을 독자적으로 설립했습니다. 고래 등 해양 포유동물 보호, 불법 어업 중단, 플라스틱 쓰레기 제거, 해양 산성화 저지 등의 목표를 세워놓고 활동 중이에요. 2023년에는 '피의 피요르드 작전Operation Bloody Fjords', '파이아칸 작전Operation Paiakan'을 통해 노르웨이와 아이슬란드 해역에서 고래잡이를 막는 캠페인을 펼쳤어요.

우리나라에도 시셰퍼드 조직이 있습니다. 시셰퍼드 코리아는 아시아 지부에 속해 있지만 독자적으로 활동을 기획하고 진행하는 100퍼센트 자원봉사자들로 이루어진 풀뿌리 단체라고 합니다. 해변 청소, 수중 청소 등의 정기 활동을 하고, 매년 이슈를 한 가지씩 정해서 캠페인을 진행하고 있습니다.

14세 소녀가 꾼 '고래의 꿈' 세이브 더 웨일

미국 캘리포니아주 로스앤젤레스에 사는 마리스 사이 던스테커Maris Sidenstecker는 유난히 동물을 사랑하는 소녀였 습니다. 개, 고양이, 새, 거북이는 물론이고 심지어 개미와 지렁이까지 사랑했다고 해요. 비가 내리면 친구들과 함께 땅 위로 올라온 지렁이들을 잡으러 다니느라 바빴는데, 사 람들에게 밟혀 죽을까 봐 지렁이들을 안전한 풀숲에 옮겨 주기 위해서였다고 합니다. 마리스의 꿈은 커서 수의사가 되는 것이었어요.

열네 살이 되던 해, 마리스의 인생을 바꿔놓는 일이 벌 어집니다. 부모와 함께 비행기를 탔다가 기내 잡지책에서 새끼를 밴 대왕고래 한 마리가 바닷가 부두에서 죽어가고 있다는 기사를 우연히 읽은 것입니다. 기사 내용에 큰 충격을 받은 마리스는 가만히 있을 수 없었습니다.

마리스는 용돈을 털어 고래 그림과 '고래를 구합시다 Save the Whale'라는 구호가 들어간 티셔츠 10여 벌을 제작해 가족과 친구들에게 나누어줬지요. 이 티셔츠를 입고 돌아다니면 사람들이 고래에게 관심을 가질 것이라고 생각했기 때문이에요. 실제로 꽤 많은 사람이 티셔츠에 흥미를 나타냈고, 일부는 "나도 티셔츠를 사고 싶다"라고 물어보기도 했지요. 이런 반응에 고무된 마리스는 티셔츠를 더 많이 제작해 판 수익금을 환경 단체에 기부하기 시작했어요. 그리고 열여섯 살이 되던 해인 1977년, 어머니와 함께 비영리 기구 '세이브 더 웨일Save the Whale'을 세웠어요.

지렁이를 구출하던 소녀 마리스는 이제 고래 구출에 평생을 바친 운동가로 미국은 물론 세계적인 명성을 얻고 있습니다. 포경 금지 캠페인은 물론 고래 서식지에서의 무기 실험 중단 등 다양한 분야에서 활동하고 있어요. 마리스는 특히 지구의 미래가 어린이들에게 달려 있다는 신념에서 청소년들을 대상으로 한 해양 교육에 심혈을 기울이고 있습니다.

'돌고래를 해방하라' 핫 핑크 돌핀스

우리나라에도 돌고래 보호를 통해 생명과 평화의 가치를 알리는 해양 환경 단체가 있습니다. 바로 '핫 핑크 돌핀스'이지요. 2011년 설립된 이 단체는 국내 최초로 수족관 돌고래 해방 운동을 시작했고, 2013년 제돌이 야생 방류를 시작으로 남방큰돌고래 여러 마리를 수족관에서 구출해 바다로 돌려보내는 데 성공했습니다. 자유를 얻은 돌고래들이 잘 지내는지 가까이에서 관찰하기 위해 제주돌핀센터를 세우고 멸종 위기 해양 생물 보호와 생태계 보존 운동을 펼치고 있지요.

특히 우리나라 바다에서 여전히 행해지는 불법적인 고래 포획과 혼획을 근절하고, 밍크고래를 보호종으로 지정하며, 돌고래 보호구역 설치, 고래 쇼 중단, 고래 사체의 유통 금지 등 다양한 분야에서 열심히 활동하고 있어요. 고래는 물론 인간을 위협하는 해양 쓰레기 문제를 해소하기 위한 캠페인도 펼치고 있답니다.

핫 핑크 돌핀스는 고래 개체수를 셀 때 '마리' 대신 '명'이란 단위를 사용하고 있습니다. 여기서 '명'은 한자로 '이름 명名'이 아니라 '목숨 명命'이에요. 고래의 생명도 인간만큼 소중하다는 의미에서 '명'이란 표현을 쓰고 있다고 합니다.

'바다 사랑꾼'에서 '바다 지킴이'로

바다의 아름다움에 빠져 평생을 해양 탐험가, 해양학
자로 활동하며 해양 보호 운동에 헌신한 사람도 많습니다.
대표적인 예가 프랑스의 '국민 영웅' 자크 (이브) 쿠스토
Jacque-Yves Cousteau, 1910~1997년입니다. '캡틴 쿠스토'란 별명
으로 더 잘 알려진 쿠스토는 1930년 해군사관학교에 입학
하면서 바다와 인연을 맺었어요.

그는 1943년 세계 최초로 수중 호흡 장치를 발명해
해저 탐험의 새로운 장을 열었고, 4049미터의 심해 잠수
신기록을 세웠어요. 1948년에는 심해 잠수정을 타고 심해
를 탐험했지요. 1950년부터는 해양 탐사선 칼립소호를 타
고 전 세계 바다를 누볐어요.

쿠스토가 쓴 책을 토대로 한 다큐멘터리 영화 〈침묵의 바다〉가 1956년 칸국제영화제에서 최고 영예인 황금종려상, 미국 아카데미상에서는 최우수 장편기록영화상을 수상하기도 했습니다. 1968년에는 〈자크 쿠스토의 해저 세계〉라는 TV 시리즈를 선보여 엄청난 인기를 끌었어요. 이 시리즈는 9시즌이나 방영하면서 많은 사람에게 바다의 신비로움을 널리 알렸지요.

전 세계 바다를 탐험하면서 얼마나 오염되고 있는지를 직접 목격했던 쿠스토는 자연스럽게 해양 환경 운동가가 됐습니다. 그는 1959년 프랑스 정부 산하 국가원자력기구가 지중해 코르시카섬 주변의 2600미터 해구에 방사성 폐기물을 버리려던 계획을 온갖 노력을 기울여 포기하게 만들었고, 남극 개발 반대 운동을 직접 이끌기도 했습니다. 1973년 그가 설립한 '쿠스토 협회'는 회원 약 5만 명과 함께 고인의 유지를 받들어 현재도 해양 탐험과 생태계 보호를 위해 노력하고 있답니다.

프랑스에 쿠스토가 있다면, 미국에는 실비아 얼이 있습니다. 그녀는 세계에서 가장 유명한 해양학자이자 탐험가 중 한 명이에요. 영화 〈타이타닉〉의 감독 제임스 캐머런은 얼을 '바다의 잔다르크'로 부릅니다. 1935년 미국 뉴저지주 깁스타운에서 태어난 얼은 어렸을 때부터 인형놀이보다 바다 등 자연 속에서 뛰어노는 것을 더 좋아했다고 합니다.

10대 시절 해저 탐험가 윌리엄 비브의 소설 『해저 반 마일까지 잠수』를 읽고 바다의 매력에 푹 빠진 그녀는 대학원에서 해조류를 연구하던 중 1964년 국제인도양탐사대의 유일한 여성 멤버로 6주간 탐사선을 타고 해양 동식물을 관찰하는 프로젝트에 참여했습니다. 1966년에는 스쿠버다이빙으로 직접 채취한 해조류 샘플을 분석한 연구로 박사학위를 받았지요.

얼의 해양 탐사와 연구 업적은 쿠스토에 필적합니다. 1968년 여성으로는 세계 최초로 잠수정 딥 다이버호를 타고 해저 40미터 지점까지 내려가는 기록을 세웠고, 1970년에는 미국령 버진아일랜드에서 심해 생태계를 관찰하는 텍타이트 2 프로젝트를 2주 동안 성공적으로 이끌었지요.

1979년 얼은 하와이 오아후 근해에서 400킬로그램이 넘는 잠수복을 입고 해저 381미터 지점까지 내려가기도 했습니다. 1984년에는 1인용 잠수정 '딥 로버'를 개발해 해저 1000미터 지점을 탐험했지요. 반세기 넘도록 해양 생물 연구와 보호를 위해 헌신한 얼은 1998년 시사주간지 『타임』지가 발표한 '지구의 영웅'으로 선정됐습니다.

얼이 이룩한 중요한 업적 중 하나가 '미션 블루 프로젝트'입니다. 이 프로젝트는 해양 생물 보호구역을 지정하기 위한 것으로, 이런 구역을 '호프 스팟Hope Spot'으로 부릅니다. 즉, 지구를 지키는 '희망의 장소'란 뜻이지요. 전 세계 바다에서 호프 스팟으로 지정된 곳은 총 161곳(2024년 3월 기준)으로 약 5758만 제곱킬로미터에 달합니다. 엄청난 면적이지만, 얼은 아직도 갈 길이 멀다고 말합니다. 광활한 바다에서 극히 일부분에 지나지 않는다는 것이지요.

스리랑카의 해양 생물학자인 아샤 데 보스Asha De Vos는 대왕고래 연구의 세계적인 권위자이자 해양 보호 운동가입니다. 여섯 살 때 부모님이 즐겨 읽던 『내셔널 지오그래픽』 잡지에서 바닷속 생명체들의 사진을 본 후 바다와 사랑에 빠진 그는 탐험과 과학을 한 번에 경험할 수 있는 해양 생물학자가 됐다고 합니다. 스리랑카 최초로 해양 포유류 연구로 박사학위를 받은 데 보스는 스리랑카 해역의 대왕고래가 다른 곳으로 이주하지 않고 한곳에 머물러 서식한다는 사실을 처음으로 밝혀내 큰 주목을 받았습니다.

데 보스는 대왕고래의 생태를 연구하는 데만 머무르지 않았습니다. 대왕고래 보호를 위해 2008년 '스리랑카 블루 웨일 프로젝트'를 설립했고, 2017년에는 차세대 해양 전문가들을 육성하고 해양 보호에 관한 대중의 관심과 논의를 불러일으키기 위해 '오션스웰Oceanswell'이라는 단체를 만들었지요.

데 보스는 2014년 TED 강연에서 "바다의 회복력에서 두 가지 중요한 요소를 꼽자면, 바로 고래의 배설물과 시신이다. 고래들은 먹이를 먹기 위해 바닷속으로 들어가고, 숨 쉬기 위해 수면으로 나오면서 엄청난 양의 분뇨 가스를 배출한다. 이것은 모든 바다 먹이사슬의 기초를 형성하는 식물성 플랑크톤의 성장을 촉진한다. 또 고래가 이동하면서 그 배설물은 바다 깊은 곳에서부터 수면까지 필수 영양분을 순환시키는 양수기 역할을 한다. 고래는 놀랍게도 죽은 뒤에도 중요한 역할을 한다. 고래 사체는 가라앉으면서 많은 생물에게 먹이가 되어준다"고 설명했습니다. 그러면서 "고래를 위하는 것이 우리 자신을 위한 것"이라는 말로 고래 보호의 중요성을 강조했습니다.

고래와 바다를 보호하기 위해
우리가 할 일

매년 2월 셋째 주 일요일은 '세계 고래의 날'입니다.
1980년 미국 하와이에 있는 태평양고래재단이 혹등고래
의 멸종 위기를 널리 알리기 위해 제정한 날이에요. 하와이
앞바다에서는 매년 2월쯤에 혹등고래를 가장 많이 만날 수
있다는데, 온순한 특성 때문에 상업 포경의 대표적인 희생
양이 되어 개체수가 급격히 줄어든 혹등고래를 보호하기
위해 정한 날이라고 합니다. '세계 고래의 날'이 되면 하와
이 마우이섬을 비롯해 세계 곳곳에서는 고래를 지키기 위
한 다양한 캠페인이 벌어지지요.

직접 캠페인에 참여하지 못하더라도 일상생활 속에서

고래와 바다를 보호할 수 있는 방법이 있답니다. 앞에서 살펴봤던 세계적인 고래 보호 단체들이나 저명한 환경 운동가가 아니어도 할 수 있는 일들이에요.

맨 먼저, 고래 등 해양 생물들을 위협하는 기후 위기를 막기 위한 노력을 시작해봅시다. 가까운 거리는 자동차를 타는 대신 걷는 것만으로도 기후 위기를 일으키는 요인 중 하나인 화석 에너지의 사용을 줄이는 데 도움이 됩니다.

두 번째는 플라스틱 제품 사용을 줄이거나 중단하는 것입니다. 우리의 일상생활에는 플라스틱이 넘쳐납니다. 일회용 식기와 페트병은 사용하기 편리하고 위생적인 것이 사실입니다. 하지만 우리가 무심코 쓰고 버리는 플라스틱 쓰레기가 바다로 흘러가 고래 등 해양 생물의 생명을 앗아가고 있답니다. 그 피해는 고스란히 인간에게 되돌아오지요. 쓰레기를 적게 버리고 일회용품을 사용하지 않는 것도 고래와 바다를 지키는 일입니다.

세 번째는 고래의 먹이가 되는 크릴새우를 원료로 하는 제품은 사용하거나 구매하지 맙시다. 크릴새우에서 추출하는 크릴오일은 고래와 펭귄 등에게 양보하자고요. 수족관 가지 않기, 친환경적인 방법으로 얻은 수산물인지 확인하고 구매하기도 실천해봅시다.

기업의 역할도 중요합니다. 최근 환경Environmental, 사회Social, 투명 경영Governance에 대한 기업들의 관심이 높아지는 것은 다행스러운 일입니다. 하지만 해양 환경 분야에 보다 적극적인 참여가 필요한 상황입니다. 시민들은 기업이 약속한 ESG 활동을 제대로 하고 있는지 관심을 갖고 지켜보며 비판 또는 격려하는 자세를 가져야 하겠습니다.

참고문헌

장순근 · 김웅서, 『바다는 왜?』, 지성사, 2016.
이재학, 『기후변화와 바다』, 지성사, 2023.
김추령, 『내일 지구 : 과학교사 김추령의 기후위기 이야기』, 빨간소금, 2021.
남성현, 『남극에 운명의 날 빙하가 있다고?』, 나무를심는사람들, 2022.
주현희, 『바다에 대한 예의 : 인류의 공유자원 바다를 지키기 위한 책임과 의무』,
　　　지성사, 2021.
애널리사 베르타 엮음, 김아림 옮김, 『고래 : 고래와 돌고래에 관한 모든 것』, 사람
　　　의무늬, 2016.
찰스 무어 · 커샌드라 필립스, 이지연 옮김, 『플라스틱 바다』, 미지북스, 2013.
구정은, 『사라진, 버려진, 남겨진』, 후마니타스, 2018.
레베카 긱스, 배동근 옮김, 『고래가 가는 곳』, 바다출판사, 2021.
윤지로, 『탄소로운 식탁』, 세종서적, 2022.